Die beiden Reporter Benno Bertsch und Martin Born arbeiten seit über 10 Jahren zusammen. Traumschiff-Affäre, Pressekonferenzen, Untersuchungsausschuß, Recherchen – immer waren sie zusammen unterwegs. Sie haben auch dieses Buch gemeinsam geschrieben. Einige Kapitel zusammen, andere getrennt. Sie haben auf eine einzelne Kennzeichnung der Kapitel verzichtet und haben ihre Tätigkeit in dem Buch auf »den Reporter« vereint.

Das Kapitel über die Spielcasino-Affäre hat Sylvia Schreiber, Stuttgarter Korrespondentin des »SPIEGEL«, geschrieben.

Martin Born/Benno Bertsch

Die Maultaschen-Connection

Die außerparlamentarische Wirtschaftspolitik
der CDU in Baden-Württemberg

Steidl

Bitte fordern Sie unser kostenloses Gesamtverzeichnis an!

1. Auflage Januar 1992

© Copyright: Steidl Verlag, Göttingen 1992

Fotos: dpa, S. 58, 85. Graffiti Martin Storz, S. 148.
Alle anderen Abbildungen: Archiv der Autoren.
Umschlaggestaltung: W. Eagle
Gesamtherstellung: Steidl, Druckerei und Verlag,
Düstere Str.4, 3400 Göttingen
ISBN 3-88243-220-9

Inhalt

Die außerparlamentarische Wirtschaftspolitik von Lothar Späth

Wie die »Maultaschen-Connection« erstmals 1982 auftauchte

Der landespolitische Reporter formulierte noch einen ironischen Schlußsatz, gab seiner Regie im Studio 10 des Süddeutschen Rundfunks in Stuttgart ein Zeichen, und Günther Noris und seine Bundeswehr-Bigband spielten »Amacing Grace« von der Platte. Um seinen Redaktionsleiter der landespolitischen Sendung »Chronik Baden-Württemberg« zu ärgern, setzte der Reporter immer die gleiche Langspielplatte ein. Doch niemand bemerkte das versteckte Ärgernis, weder die Hörer noch die Hierarchen.

An diesem Samstag um 17.20 Uhr – es war der 22. September 1982 – war dem Reporter nicht nach musikalischen Scherzen zumute. Er nahm den Kopfhörer ab und war unzufrieden. Der Reporter hatte den Rücktritt des baden-württembergischen Landtagspräsidenten Lothar Gaa dargestellt – in fünfeinhalb Minuten. Schön, es war ein guter Beitrag, der den verzweifelten Kampf des Landtagspräsidenten Gaa gegen sein Untergehen darstellte und auch die berührende menschliche Seite dieser seltsamen politischen Tragödie zeigte. Vor zwei Tagen hatte Gaa seinen Rücktritt erklärt. Gaa, der in seiner Amtszeit versucht hatte, mit großem Aufwand seinem Amt mehr Bedeutung zu geben, war über seine Verquickung mit dem Baukonzern »SÜBA« gestürzt. Gaa war dort Rechtsanwalt und hatte seine Tätigkeit nicht im Landtagshandbuch angegeben. Das Handbuch hatte gerade unter seiner Anleitung neue Offenlegungsrichtlinien bekommen. Außerdem hatten kleine Bauunternehmer des CDU-Mittelstandes gegen Gaa und den Konzern Stimmung gemacht.

Der Reporter war unzufrieden, weil der Rücktritt mehr oder weniger an ihm vorübergegangen war. Er hatte keine Informationen über Hintergründe und Zusammenhänge erlangen können. Vor vier Jahren bei den Turbulenzen um Ministerpräsident Hans Karl Filbinger war das noch anders gewesen. Damals hatte er eine gute Verbindung zu dem neuen baden-württembergischen Innenminister Lothar Späth gehabt und konnte gut informiert den Übergang von Filbinger zu Späth verfolgen.

Der Reporter war irritiert wegen eines vertraulichen Pressegespräches des Ministerpräsidenten Lothar Späth am Tag vor dem Gaa-Rücktritt. Während einer Debatte im Stuttgarter Landtag war auf einmal das Gerücht unter Journalisten aufgetaucht, Ministerpräsident Lothar Späth sei in die Geschäfte des Landtagspräsidenten verwickelt. Kaum machte das Gerücht die Runde, lief der damalige Regierungssprecher Matthias Kleinert hinterher und lud die Journalisten zu einem vertraulichen Gespräch in die Bibliothek der Villa Reitzenstein, des Amtssitzes von Ministerpräsident Lothar Späth. Späth erklärte in diesem Gespräch einer verblüfften Journalistenrunde seine Vermögensverhältnisse, während im Landtag die Abgeordneten unter einer leeren Pressetribüne weiter diskutierten. Späth stellte in großer Offenheit dar, daß er zwar an einer Firma, der »System Kontakt« in Bad Friedrichshall, ebenso wie der Landtagspräsident beteiligt gewesen sei. Doch habe er seine Beteiligung abgegeben, sie werde treuhänderisch von seinem Steuerberater Roland Scheuer verwaltet. Der Anteil betrage rund eine halbe Million Mark. Alle Journalisten vergaßen zu fragen, ob dieser Vorgang nur wenige Stunden alt war. War alles eine zwar gelassen vorgetragene Absetzbewegung gegenüber dem Landtagspräsidenten, aber präzise und schnell vorbereitet? Späth gab deutlich zu verstehen, daß er mit den Geschäften des Herrn Landtagspräsidenten nichts zu tun habe. Natürlich sei man zusammen verreist, der Chef der »SÜBA«, Hans Schlampp, der Landtagspräsident Lothar Gaa und er. Doch er, Späth, habe im Ausland immer nur politische Gespräche geführt. Und wieder vergaßen die Journalisten eine Frage, die Jahre später auch immer wieder vergessen wurde: Wie wurden die Reisekosten geteilt und abgerechnet?

Der Reporter im Studio 10 war unzufrieden, weil er der Meinung war, er hätte eigentlich das Bibliotheksgespräch des Ministerpräsidenten überprüfen und fragen sollen, was veröffentlicht werden dürfe. Doch er hatte dem Ministerpräsidenten Späth alles geglaubt und hatte das Thema nicht gesehen. Der Reporter überlegte, ob er voreilig gewesen war. Könnte es sein, daß dieser Ministerpräsident Lothar Späth, der kaum wie ein anderer vor ihm so viel an liberalem und wirtschaftlichem Klima geschaffen hatte, ein Doppelleben führte? Ein Doppelleben, das auf der einen Seite aus Parteifilz, Privatinteresse und Machtegoismus bestand, auf der anderen Seite die Flexibilität, die Kreativität und vor allem die Wirtschaftskompetenz des Lothar Späth. Hatte nicht dieser Ministerpräsident in den wenigen Jahren seiner Amtszeit viel bundesweite Anerkennung erhalten, wenn nicht sogar Weltgeltung? Waren nicht die Schwaben gerade deshalb von diesem »Cleverle« so begeistert, weil er alle ihre Minderwertigkeitskomplexe mit Weltläufigkeit überspielen konnte: der Lothar Späth, lange Zeit wohnhaft in Bietigheim, ein Mann aus dem Rathaus, aus dem Volk, für das Volk und ganz oben.

Während der Reporter überlegte und Günther Noris immer noch »Amacing Grace« spielte, stellte die Regie dem Reporter einen Höreranruf auf den Kopfhörer. Am Telefon war eine resolute, junge Schwäbin, die sich mit Frau Weich (Name geändert) meldete. Frau Weich war entrüstet und empört. Sie rief dem Reporter zu, daß er über den Falschen eine Sendung gemacht habe. Völlig verdattert versuchte der Reporter Klarheit in das Gespräch zu bringen. Ja, er habe den Rücktritt des Landtagspräsidenten Lothar Gaa dargestellt. Der hätte nun mal Fehler gemacht. »Ja, ja . . . «, erwiderte Frau Weich ungehalten und ungeduldig, »aber Sie haben über den Falschen berichtet. Ich kenne alle Geschäfte. Sie hätten eine Sendung über Lothar Späth machen sollen!« Gelinde gesagt war der Reporter schockiert.

In diesem Augenblick wies die Regie über den Kopfhörer darauf hin, daß die Musik zu Ende gehe, der nächste Beitrag müsse angesagt werden. Schnell fragte der Reporter nach der Telefonnummer von Frau Weich. Auf einmal schien Frau Weich über sich selbst erschrocken. Sie sagte noch schnell, sie müsse ihren Mann vom Sport abholen und dann mit ihm sprechen und würde wieder anrufen. Noch Stunden wartete der Reporter auf einen Anruf von Frau Weich. Er war ganz sicher, daß die Frau eine glaubwürdige Zeugin sei.

Frau Weich meldete sich nie mehr wieder. Ihr Mann wird ihr gesagt haben, daß es nicht gut sei, mit solchen Geschichten anzufangen. Auch wenn sie sich über die Rundfunksendung mit dem Landtagspräsidenten aufgeregt habe. Der Reporter sah von diesem Tag an Ministerpräsident Lothar Späth mit anderen Augen an. Noch jahrelang suchte er Frau Weich in Telefonbüchern, Anwaltskanzleien und Bauunternehmungen Baden-Württembergs. Vergebens.

Der Reporter versuchte mit dem zurückgetretenen, resignierten und fallengelassenen Späth-Freund Lothar Gaa ins Gespräch zu kommen. Vergebens. Gaa konnte auch noch zwei Jahre nach seinem Rücktritt nicht verstehen, warum er nicht mehr Landtagspräsident war. Erst 1991 sah der Reporter den früheren Landtagspräsidenten Gaa im Landtag wieder. Da saß Gaa wie in einem Fernsehtrickbild im Plenum des Landtags einen Meter tiefer unter dem Präsidentenstuhl: Gaa saß im Parkett auf dem Stühlchen vor dem Untersuchungsausschuß.

Jahrelang versuchte der Reporter herauszufinden, welchen Geschäften das Trio Bauunternehmer Schlampp, Landtagspräsident Gaa und Ministerpräsident Späth eigentlich zwischen Südafrika, Südamerika, Nordamerika und Südostasien nachgingen. In Gerüchten war die Rede von Grundstücksgeschäften, von politischer Hilfe in Baugeschäften – Schlampp dementierte alles. Es war die Rede davon, Schlampp habe das Bauherrenmodell mitentwickelt und davon profitiert. Schlampp dementierte.

Es war die Rede von erklärungsbedürftigen Reiseabrechnungen. Schlampp dementierte. Journalisten aus einer offiziellen Späth-Delegation berichteten vom seltsam zufälligen Zusammentreffen Späths mit der Reisegruppe Schlampp-Gaa mitten in Südamerika. Was hatte all dies zu bedeuten? Baden-Württemberg hatte doch »Gott sei Dank« einen Ministerpräsidenten, der im Gegensatz zu SPD-Vertretern einige Unternehmer kannte und mit ihnen reden und daraus politische Schlüsse ziehen konnte. Was sollten all diese Gerüchte, die sich nicht belegen ließen? Oder gab es doch ein Doppelleben des Lothar Späth?

Damals bei dem Pressegespräch in der Bibliothek der Villa Reitzenstein gab es einen Journalisten, der durch seine Fragen zu erkennen gab, daß er viel Hintergründiges wußte: Friedrich Lösch, Korrespondent des »Mannheimer Morgen« in Stuttgart. Seine Informationen und Artikel hatten mit dazu beigetragen, daß der Landtagspräsident Gaa in Schwierigkeiten kam. Doch Kollege Lösch gab sich später zugeknöpft. Plötzlich und unerwartet wechselte er die Front und tauchte als stellvertretender

Regierungssprecher der Regierung Späth wieder auf. War er den Korrespondentenposten leid? Wußte er zuviel, oder bestand nur der Verdacht, daß er zuviel wußte? »Was weiß ich?« pflegte er zu fragen und wechselte später mit seinem Chef, Matthias Kleinert, zu dem neuen Stern Daimler.

Späths Beratervertrag

Fast fünf Jahre nach dem Rücktritt des Landtagspräsidenten saß der Reporter im Büro des Ministerpräsidenten in der Villa Reitzenstein und hatte heikle Fragen. Wieder ging es um den Bauunternehmer Hans Schlampp und seine »SÜBA«. In dem Gespräch wollte Späth keine Tonbandaufnahmen. Er war nervös. Immer wieder stand er auf und holte sich einen Zigarillo, rauchte hastig und versuchte alles als Normalität darzustellen. Der Reporter hatte herausgefunden, daß Späth drei Jahre Berater bei Schlampp gewesen war, nachdem er die »Neue Heimat« verlassen hatte. Diese Beratertätigkeit war in Baden-Württemberg unbekannt. In dem Bibliotheksgespräch 1982 hatte Späth den Beratervertrag nicht erwähnt. Aus gutem Grund, denn es hätte sonst geschehen können, daß vielleicht doch der eine oder andere Journalist weiter recherchiert hätte. Den Vertrag hatte Späth im Landtag nicht angemeldet – mußte er auch nicht. Damals gab es noch keine solche Meldepflicht für Berater- und Lobbytätigkeit.

Späth hatte immer den Eindruck erweckt, er habe eine besonders weiße Weste, sei besonders offen und habe schon gar nichts zu verheimlichen. Damals, 1982 nach dem Rücktritt des Landtagspräsidenten Gaa – seinem Beraterkollegen bei der »SÜBA« und Reisefreund –, hatte Späth der CDU-Landtagsfraktion prahlerisch erklärt, daß man nur so wie er Krisen managen müsse – durch Offenheit und gute Verbindung zur Presse. Doch bei dem Gespräch Anfang 1987 war Späth erstaunlich nervlich angespannt. Die Situation war auch nicht gerade erfreulich. Späths Freund Schlampp hatte seit Ende 1986 Schwierigkeiten mit der Staatsanwaltschaft wegen des Verdachtes auf Vorteilsgewährung und Subventionsbetrug. Schlampp mußte seinen Paß abgeben und eine beachtliche Kaution von 2,5 Millionen Mark stellen, um auf freiem Fuß zu bleiben. Späth wollte in dem Gespräch mit dem Reporter in der Villa

Reitzenstein zunächst nicht glauben, daß an seinem Freund Schlampp eine strafbare Handlung hängenbleiben könnte und wenn, dann könne er nicht mehr der Freund von Schlampp bleiben. Das heißt, Späth setzte sich schon vorsorglich von seinem Freund ab, ebenso wie er es von dem Landtagspräsidenten Gaa getan hatte – den er ja schließlich in dieses Amt gehoben hatte.

Doch der Reporter hatte den Eindruck, daß es in diesem Gespräch auch noch um anderes ging. Warum hatte Schlampp dem Reporter vierzehn Tage vorher die Geschichte mit dem Beratervertrag erzählt? Wollte er Späth ein Signal geben, daß es auch um den Ministerpräsidenten ging? So wie damals bei Gaa? Wollte er mit dieser Information Späths Hilfe einfordern? Späth wollte Schlampp fallenlassen und wollte mit dem möglichen Subventionsbetrug nichts zu tun haben. Späth wurde zwar im Schlampp-Prozeß vernommen, aber er überstand auch dies. Hans Schlampp hat aus einem kleinen badischen Bauunternehmen einen internationalen Baukonzern hochbetoniert – in seinen besten Zeiten mit 2 500 Beschäftigten. Schlampp war – wie Späth – schon immer fasziniert von neuer Technik. Überall, wo Späth am Bau war, tauchte auch Schlampp auf, entweder parallel oder später. Bei der »Neuen Heimat« – wo Späth gerade rechtzeitig aufhörte –, beim Baukonzern »Baresel« –, wo Späth schnell wieder verdrängt wurde, weil er mit seinen internationalen Aktivitäten der Firma mehr schadete als nutzte –, so Baulöwen heute. Nebenbei brachte Späth auch mal die »Neue Heimat« und die »SÜBA« in Brasilien zusammen. Das ist zunächst nichts Unrechtes und nichts Ehrenrühriges. Natürlich entwickeln sich viele Geschäfte aufgrund persönlicher Beziehungen. Doch wenn eine politische Schaltstelle auch zum Beziehungsgeflecht einiger weniger Unternehmer wird, dann müssen sich andere Unternehmer fragen, ob sich daraus nicht Wettbewerbsnachteile ergeben können.

Späths politischer Schiffbruch vor der Traumschiff-Affäre

Außerhalb der landespolitischen Szene – vor allem außerhalb Baden-Württembergs – sah der Sturz Späths wie eine griechische Tragödie mit der höchstmöglichen Fallhöhe einer dramatischen Hauptfigur aus. Doch was bei der brillanten Selbstdarstellung von Späth selten registriert wurde, war Späths langsamer politischer Niedergang. 1982 war Späth vor dem Höhepunkt seiner politischen Bedeutung. Er war in Baden-Württemberg, sogar in der ganzen Republik, schon fast so bekannt wie Franz Josef Strauß. Nur galt Späth überall als weniger konservativ, weniger starr, stärker zukunftsorientiert. In Baden-Württemberg lief Späths Kampagne »High-Tech«, um die technisch-wirtschaftlich-wissenschaftliche Zukunft nicht zu verschlafen. Selbst Ingenieure mit SPD-Parteibuch waren begeistert und wählten Späth. Denn in ihrer guten alten Genossenpartei gab es noch immer tonangebende Leute, die den Mikrochip am liebsten verboten hätten.

Diese Zeit Späths war seine wirksamste überhaupt. Es konnte beobachtet werden, mit welch geringem Aufwand ein Politiker ein überaus wichtiges Klima schaffen kann. Denn Späth konnte nur begrenzt finanzielle Mittel und Gesetze einsetzen. Gleichzeitig versuchte Späth die Internationalität der baden-württembergischen Wirtschaft in die Politik einzubringen. Auch dies gelang zum Teil. Wäre in dieser Zeit eine Traumschiff-Affäre aufgetaucht, hätte sie Späth womöglich überstanden. So konnte aber Späths politische Bedeutung weiter steigen, bis er sogar immer wieder als möglicher Kanzlernachfolger genannt wurde. In dieser Zeit war es schwer, auf Späths Schwächen hinzuweisen, die unter Umständen dazu beigetragen hätten, zu dem Schluß zu kommen, es wäre besser, bei einem Kanzler Kohl zu bleiben.

Der durchschnittliche Strukturpolitiker

Als Späth 1988 die Landtagswahl knapp gewonnen hatte, kam immer deutlicher zutage, daß Späth große Schwierigkeiten mit einer kontinuierlichen Landespolitik hatte. Seine Reisen nahmen hektische Züge an. Sein richtiges Verlangen, Strukturen zu ändern, war nicht mehr mit der Realität übereinstimmend. Späth suchte krampfhaft Betätigungsfelder, nachdem seine Bankenpolitik mit einer Fusion gescheitert war. Weil Strukturänderungen in der eigenen Verwaltung nicht geschafft wurden, versuchte es Späth bei der eher unbedeutenden und unverständlichen Rundfunkstruktur. Aber auch da scheiterte Späth.

Ebenso in einer Finanzpolitik, wo er einen langen Anlauf hatte. 1975/76 half der CDU-Fraktionsvorsitzende Lothar Späth in der Fraktion ein Sparpaket von einer Milliarde Mark durchzupauken. Seinen Ruf als wiederum großzügiger und findiger Finanzpolitiker schuf Lothar Späth bei der CDU-Fraktion, als er bei dem sparsamen Finanzminister Robert Gleichauf 400 Millionen Mark Haushaltsreste entdeckte. Gleichauf hatte versucht, die Haushaltsreste vor dem ausgabefreudigen Fraktionsvorsitzenden und der Opposition zu verbergen. Doch Späth ließ sich den Triumph nicht entgehen. Auch als Späth 1978 kurze Zeit Innenminister war, hatte Finanzminister Gleichauf seine liebe Not mit Lothar Späth. Der Innenminister setzte nämlich den Finanzminister gewaltig unter Druck, um einen Sicherheitsplan mit vielen Polizeiplanstellen durchzusetzen.

In einer Kabinettssitzung drohte Späth dem strengen, aber gutmütigen Gleichauf mit der Gefahr ständig zunehmender Terroristenopfer. Späth lancierte Zeitungsaufmacher mit seiner Forderung und beherrschte die Schlagzeilen.

Nett sind die Anekdoten, wie solche Zeitungsaufmacher entstanden sind. 1978 hatte ein Kollege der »Stuttgarter Nachrichten« sich einen Termin bei dem Innenminister Lothar Späth geben lassen. Der Journalist hatte eine kleine, kitzlige, kritische Anfrage. Als der Journalist wieder aus dem Ministerbüro kam, hatte er eine Exklusivgeschichte über Späths geplanten Sicherheitsplan 2 für die Seite eins seiner Zeitung. Seine kleine, kritische Geschichte hatte er längst mit Hilfe des Innenministers vergessen.

Doch dann wurden die Zeiten der aufgeregten Sicherheitspolitik wieder ruhiger, Späth war inzwischen auch nicht mehr Innenminister, die CDU-Fraktion bremste, und Ministerpräsident Späth hatte nicht mehr so großes Interesse an dem Sicherheitsplan und ließ einen reichlich abgemagerten Plan passieren. Das ist eines der vielen Beispiele der Finanzpolitik Lothar Späths. Für ihn ist Finanzpolitik immer ein Teil der Öffentlichkeitsarbeit gewesen, eine Politik, die sich seinem Tempo mit »stop and go« zu unterwerfen hatte. Nur stand bei Späth das »go« an erster Stelle und dann das »stop«. »Go« vor den Wahlen, »stop« nach den Wahlen.

Dann die Diskussion um das Weihnachtsgeld. Das war 1982. Späth wollte die Weihnachtsgelder kürzen, um Arbeitsplätze zu schaffen. Wie ein grüner Sponti spendete er sein Weihnachtsgeld für arbeitlose Jugendliche. 1988 machte Späth dafür Schlagzeilen, weil er arbeitslosen Jugendlichen so etwas wie Arbeitsunwilligkeit unterstellte – und das Weihnachtsgeld gibt es immer noch.

In den ersten zwei Jahren als Ministerpräsident hatte Lothar Späth die Spendierhosen an. Unter dem Motto »Bürgernähe« und »Unser Land ist Spitze« gab es viele Programme und Aktionen. Es ist sicherlich keine Bösartigkeit, wenn man unterstellt, daß diese Politik dazu dienen sollte, die Wahlen 1980 zu gewinnen. Von Sparsamkeit war kaum die Rede. Von Familienprogramm und Bauprogramm war die Rede. In einer Rundfunkdiskussion nach dem ersten Dienstjahr als Ministerpräsident wollte sich Lothar Späth zu dem Thema Verschuldung und Abbau der Schulden gar nicht so recht äußern. Für ihn war das kein Thema.

Null und andere Runden

Den »Gag« der »Null-Verschuldung« landete Lothar Späth einige Jahre später. Stufenweise wollte der Ministerpräsident die neue Verschuldung herabsetzen, bis sie auf Null sein sollte. Wenn dies kein »Gag« gewesen wäre, wäre es einer der großen Ansätze gewesen, die Struktur der Finanzpolitik zu ändern.

Der Reporter hatte die Chance einer Exklusivgeschichte: An einem sonnigen Samstag im Jahre 1982 hatte sich der Rundfunkreporter einen Interviewtermin beim Ministerpräsidenten geben lassen. Es sollte um die kleine, kritische Geschichte der Wirtschaftsförderung gehen. Der Reporter befürchtete schon auf dem Weg zum Amtssitz des Ministerpräsidenten, daß seine kleine, kritische Geschichte durch eine große exklusive Ankündigung verdrängt werden sollte. Deshalb legte der Reporter Scheuklappen an und reagierte nicht, als der Ministerpräsident ihm von der Null-Verschuldung vorschwärmte. Der Reporter beharrte dickköpfig auf seiner kleinen Geschichte und mußte sich am Montag Vorwürfe seines Chefredakteurs anhören, als die Null-Verschuldung exklusiv in einer Stuttgarter Zeitung stand. Der damals noch etwas irritierte Reporter hat inzwischen seinen Trost, denn nach vielen ungezählten Reden, Interviews, Debatten und Kommentaren versickerte die Verschuldung ein Jahr nach der Landtagswahl 1984. Von den damaligen neuen Grundsätzen der Wirtschaftsförderung spricht auch niemand mehr.

Immer wieder hatte der Rechnungshof Schwierigkeiten mit Späths Eskapaden. Zum Beispiel bemängelte der baden-württembergische Rechnungshof den Kauf des Höchstleistungsrechners CRAY 2: »Der Bund wird sich an den Kosten des Höchstleistungsrechners CRAY 2 voraussichtlich nicht in dem möglichen Umfang beteiligen, weil das Land diesen Rechner nach nur 18-monatiger Betriebszeit des Vorgängermodells CRAY 1 und ohne das vorgeschriebene Begutachtungsverfahren gekauft hat. Dem Land dürfte dadurch ein Bundesanteil von mindestens zehn Millionen Mark entgehen. Das Angebot des Herstellers, beim Kauf der CRAY 2 die CRAY 1 M für 4,5 Millionen Mark in Zahlung zu nehmen, wurde nicht wahrgenommen. Eine Fortführung des Betriebs durch das Land würde laufende Folgekosten von jährlich 2,5 Millionen Mark verursachen.«

Für den CRAY 2 ließ sich Späth vom Landtag 78 Millionen Mark genehmigen. Natürlich hat es der Ministerpräsident hervorragend geschafft, in Baden-Württemberg ein High-Tech-Klima zu entwickeln. Damit war er Vorreiter in der Bundesrepublik. Andere Ministerpräsidenten humpelten da immer noch hinterher. Späth wurde zum bundesweiten Vorbild der Ministerpräsidenten. Auch von Johannes Rau, SPD.

Der Rechnungshof bemängelte noch ein schlecht vorbereitetes und teures Computersystem für die Landesregierung. Die Leiterin des Projektes hatte Schwierigkeiten in der Landesregierung und ging dann zu ... Daimler. Dort blieb sie allerdings auch nicht lange. Fehlinvestitionen von fünf Millionen Mark, um eine Medienstadt Stuttgart entstehen zu lassen, und ein 4,5-Millionen-Flop mit einer Napoleon-Ausstellung. 1989 mußte der baden-württembergische Rechnungshof-Präsident, Otto Rundel, traurig feststellen, daß Baden-Württemberg noch nie so viele Schulden gehabt hatte: »Wir sind natürlich nicht glücklich, denn der Anstieg der Schulden auf jetzt über 34,7 Milliarden Mark, der ist deswegen bedenklich, weil der Schuldendienst den finanziellen Spielraum bei der Gestaltung künftiger Haushalte erheblich beeinträchtigt. Regierung und Landtag müssen sich darüber klar sein, daß sie mit jeder weiteren Schuldenaufnahme den Spielraum künftiger Landtage einengen.«

1989 kam der Reporter zu dem Schluß: Der kreative und ein-
flußreiche Ministerpräsident Lothar Späth war in den vergangenen zehn Jahren ein erstaunlich durchschnittlicher Finanzpolitiker.

Kultur und andere Tänze

Obwohl die Kulturschaffenden erfreut waren, als Lothar Späth
sie Mitte der achtziger Jahre entdeckte, wirkte die »High Cul-
ture-Kampagne« merkwürdig aufgesetzt. Immer blieb bei
Späths Kulturausflügen der schale Geschmack zurück, hier
ginge es gar nicht um Kultur ihrer selbst, sondern um Kultur als
farbenfrohe Verschönerung eines Wirtschaftsstandortes. So
gesehen war die Kulturpolitik mancher Renaissance-Fürsten
fortschrittlicher. Bei Späths Kulturpolitik hatten aber immerhin die Bürger was davon – und natürlich er selbst. Wieder
wurde Späth bundesweit als Trendsetter herumgereicht: der
Politiker, der Wirtschaft, Politik und Kultur zusammenge-
bracht hatte. Die Kultur kann nicht immer nach kleinkarierten
oder großkarierten Beweggründen fragen, wenn sich jemand in
der Politik endlich großzügig um sie kümmert.

Bei aktuellen politischen Diskussionen war Späth vorn mit
dran, meist ein bißchen einfallsreicher und liberaler als andere
CDU-Politiker. Damit war er automatisch ein CDU-interner
Gegner des Bundeskanzlers Helmut Kohl. Späth konnte im
Gegensatz zu Kohl auf dem Medien-Klavier spielen. Späth war
gerngesehener Gast in den Fernsehredaktionen von Politik bis
Unterhaltung, in der »Abendzeitung« bis zum »SPIEGEL«,
vom »STERN« bis zur »Quick«, von der »Bunten« bis zur »Welt«,
von der »FAZ« bis zur »Zeit«. Doch im Jahr 1988 gab es einen
Knick. Auf einmal gab es in bundesweiten Blättern kritische
Randbemerkungen über Lothar Späth. Noch waren es Randbe-
merkungen. Späth im Herbst 1988: Da zweifelte die »Welt« an
Vorhaben des baden-württembergischen Ministerpräsidenten,
der »SPIEGEL« zitierte auf einmal Bundeskanzler Kohl gegen
Späth statt umgekehrt, die »FAZ« zitierte einen baden-württembergischen Parteichristen, daß Späth inzwischen »Weih-
rauch für die normale Atemluft« halte, und die »ZEIT« hatte für
Lothar Späths praktische Kulturpolitik nur noch Spott übrig.
Als Späth im Herbst 1988 diese kulturpolitischen Visionen bei

einem Hintergrundgespräch für Journalisten in der Villa Reitzenstein vorstellte, lachten ihn Kulturredakteure aus, als sei er ein Musterschüler, der das falsche Gedicht aufgesagt hatte.

Lothar Späth hatte 1988 kein bundespolitisches Thema frühzeitig erkannt. In der Steuerreform war er so provinziell und kleinkariert wie alle, die politische Tragweite der Flugbenzin-Debatte erkannte er ebensowenig wie der Bundeskanzler, die Fortentwicklung des deutschen Wohnungsbaus verschlief er wie alle anderen, die überlaufenen Universitäten überließ er wie alle dem Wissenschaftsminister, die Umwelt verbesserte er genauso wenig wie alle anderen. In großen Hamburger Zeitungsredaktionen schien sich herumzusprechen, daß Späth vielleicht doch gar nicht so vorausdenkend und liberal ist. Seit Späth wie eine schwäbische Kleinausgabe von Franz Josef Strauß versuchte, am Grundgesetz wegen der Asylanten herumzuspielen, seitdem war das bundesdeutsche Medien-Klavier verstimmt.

Zu Weihnachten 1988 kam der Reporter in einem Kommentar zu dem Schluß. »Von nun an geht's bergab.« Hinzu kam, daß es Späth im Gegensatz zu Kohl nie geschafft hatte, landes- oder bundesweit beachtete Nachwuchspolitiker heranzuziehen. Dazu kam noch der gescheiterte Putsch gegen den Kanzler auf dem Bremer Parteitag am 11. September 1989. Späth hatte alles mit dem damaligen CDU-Generalsekretär Heiner Geissler kurz vorher im Hotel »Tonbach« im Schwarzwald besprochen und war dann doch nicht angetreten. Dafür wurde Späth aus dem Parteipräsidium gekippt. Aus dem »Cleverle« wurde das »Neverle«.

Der Reisezwang

Bei allen damaligen Aktivitäten gab es für Späth etwas, was überaus wichtig war: Reisen. Reisen scheint für Späth nicht nur ein Hobby, eine Leidenschaft gewesen zu sein, sondern dem haftete geradezu etwas Zwanghaftes an. Gibt es das: den Reisezwang? Reisesucht? Es ist schon vorstellbar, daß es bei Suchtverhalten Ungenauigkeiten der Finanzierung gibt. Auch bei Schlampp.

Die Mannheimer Staatsanwaltschaft erklärte, bei den Ermittlungen im Mannheimer Grundstücksprozeß, der 1988 stattfand, seien Hinweise auf Reisen Späths im Zusammenhang mit dem »SÜBA«-Konzern gefunden worden. Es hätten sich aber keine Hinweise auf strafbare Handlungen ergeben. Offiziell hieß es immer – wie bei vielen anderen Reisen Späths: »Jeder hat sei' Sach' zahlt.« Aber die genauen Anteile blieben oft im unklaren. Hans Schlampp wurde schließlich wegen versuchten Betrugs und Beihilfe zur Bestechung zu zwei Jahren Gefängnis auf Bewährung und einer Geldstrafe von drei Millionen Mark verurteilt. Der Bundesgerichtshof war jedoch mit dem Urteil nicht einverstanden. Die Bundesrichter haben nicht verstanden, warum es sich im Fall Schlampp um »Beihilfe« handeln soll. Nach Meinung des Gerichtshofes geht es hier um »Bestechung« und uneidliche Falschaussage. Das Verfahren landete wieder beim Landgericht Mannheim. Bei Schlampp geht es seltsamerweise um ein Phänomen, das bei vielen Späth-Freunden eine Rolle spielt: billige Landeskredite. Bei Schlampp um rund 10 Millionen Mark. Späth hatte den Kreditwunsch offiziell mit »wohlwollender Prüfung« unterstützt.

Späth war bei persönlicher Bereicherung Ende der sechziger Jahre auf der Hut, denn auch damals tauchten Fragezeichen auf. Späth war noch bei der »Neuen Heimat«, saß aber als Abgeordneter im baden-württembergischen Landtag für die CDU. Späth gründete als »Neue Heimat«-Manager in Stuttgart eine »Objekta-Grundstücksverwertungs GmbH«. Die Gesellschaft sollte Grundstücke für die »Neue Heimat« kaufen, ohne daß die »Neue Heimat« mit ihrem bekannten Namen auftauchte. Die Gesellschaften, die es auch so ähnlich in München gab, machten Gewinn. Die Manager bedienten sich. So in Stuttgart, so in München. Doch Späth stieg 1971 aus der Gesellschaft aus und verzichtete auf 250 000 Mark Gewinn. Aber er war auch nicht in der Lage, die Perversion des gemeinnützigen Bauunternehmens zu erkennen und zu bekämpfen. Späth war in dieser Zeit so sehr der Wachstumsdroge verfallen wie die meisten Manager.

Der Reporter fragte in einem Beitrag 1987, ob in Baden-Württemberg nach dem »furchtbaren« Juristen Filbinger ein »furchtbarer« Manager das Sagen habe.

Man muß davon ausgehen, daß bei den Reisen von Schlampp, Gaa und Späth viele wirtschaftliche und politische Entscheidungen gefallen sind. Auch wenn Schlampp behauptet, es sei nicht über Geschäftliches gesprochen worden. Wer die Herren kennt, weiß, daß sie nur über Geschäftliches reden. So sind auch einzuordnen die Reisen Späths mit dem befreundeten Wirtschaftsanwalt, Dr. Lothar Strobel, der Späth-Reisen finanzierte, ebenso wie bei den Späth-Freunden Rudolf Kunz, Werner Niefer, Helmut Aurenz und Helmut Lohr.

Einmal hatte der Reporter die Ehre, zu einer Reisedelegation des Ministerpräsidenten Lothar Späth zu gehören. Es ging mit einem Charterflugzeug 1981 nach Norwegen. Brav bedankte sich der Reporter beim Regierungssprecher für die Einladung schriftlich. Der Sender hatte einen bestimmten Anteil an der Reise zu tragen. Es ist nachgebastelte Legende, daß alle Journalisten immer wußten, daß es bei Späth-Reisen Sponsoren gab und welche. Das Staatsministerium hat über die Jahreswende 1990/91, als die Traumschiff-Affäre auftauchte, erst nach fieberhafter Suche eine kleine Zeitungsnotiz gefunden, wonach Konzerne gern Späth Flugzeuge stellten.

Selbstverständlich ging der Reporter davon aus, daß das Charterflugzeug ein Flugzeug sei, das vom Land Baden-Württemberg bezahlt worden sei. Die Frage stellte sich der Reporter noch nicht einmal. Erst 1991 entdeckte der Reporter den Flug wieder in den Unterlagen des Untersuchungsausschusses. Es war ein gesponserter Flug.

In der Delegation befand sich der damalige Daimler-Vorstandsvorsitzende Gerhard Prinz. Er hielt offenbar nicht viel von dem baden-württembergischen Ministerpräsidenten. Er setzte sich im Flugzeug sofort auf den entferntesten Sitzplatz und vergrub sich in den Akten. In Norwegen wurde die Delegation aus Baden-Württemberg sofort von der Presse als »Mercedes-Delegation« bezeichnet. Auf dem Rückflug bot Späth einem Vorstandsmitglied der Firma »Dornier« eine Bürgschaft des Landes Baden-Württemberg an. Einfach so. Der Reporter wunderte sich über diese Art der außerparlamentarischen Wirtschaftspolitik und »Subventionsanmache«. Doch der »Dornier«-Manager brauchte offenbar die Bürgschaft nicht und lehnte erschreckt ab.

Was hatte diese seltsame Art der Wirtschaftspolitik zu bedeuten? Wollte Späth so seine landesväterliche Sorge für die heimische Wirtschaft zur Schau stellen? Kann ein Ministerpräsident freihändig ohne Wirtschaftsausschuß im Flugzeug Bürgschaften anbieten wie August der Starke seinen Manufakturhandwerkern? Oder ist das modernes, flexibles, politisches

Management – nur ein bißchen außerparlamentarisch. Der Reporter überlegte, was geschehen wäre, wenn der »Dornier«-Mann die Bürgschaft hätte haben wollen. Sicherlich hätte es Späth geschafft, in öffentlicher oder nichtöffentlicher Sitzung der zuständigen Gremien die Bürgschaft zu organisieren. Einmal abgesehen davon, ob die Bürgschaft wirklich sinnvoll gewesen wäre oder nicht. Späth hatte oft bewiesen, daß er in fast allen Gremien direkt oder indirekt Druck machen konnte. Zur Not blieb ja immer die absolute Mehrheit in den Ausschüssen.

An diese Bürgschaftsszene mußte der Reporter wieder denken, als es im Späth-Untersuchungsausschuß darum ging, ob Unternehmerfreunde wie Kunz und Aurenz außergewöhnlich viel Landeskredite bekommen hatten und warum Späths frühere Firma »System Kontakt« so viel Landesmittel erhalten hatte. Später wurde dem Reporter auf Umwegen vom Staatsministerium bedeutet, daß sein Reisebericht mit der Erwähnung der »Mercedes-Delegation« nicht für gut befunden war. Dies war die einzige Reise des Reporters mit dem reiselustigen Ministerpräsidenten Lothar Späth.

Für den Reporter war die Traumschiff-Affäre Späth/Lohr deshalb so erstaunlich, weil hier eine »Maultaschen-Connection« auftauchte, die in ähnlicher Form schon 1982 beinahe dazu beigetragen hätte, daß Ministerpräsident Lothar Späth in den Sog eines Rücktritts geraten wäre. Man hätte denken können, Späth habe 1982 erkannt, daß ein Ministerpräsident mit seinen Freundschaften und deren Verwebungen im wirtschaftlichen Bereich vorsichtig sein muß, daß man zwar wirtschaftliche Verbindungen haben sollte, aber nicht zu viel annehmen dürfe, auch wenn es sich um die Linderung der Krankheit »Reisesucht« handelt.

Der Merkle-Prozeß und die unterlassene Hilfeleistung

Einen zusätzlichen Knacks des Späth-Ansehens brachte der Parteispenden-Prozeß gegen den früheren CDU-Spender und »Bosch«-Chef Hans Ludwig Merkle. In dem Prozeß konnten die Journalisten beobachten, wie der große alte Mann des schwäbischen Weltkonzerns versteinerte, als er die Aussagen des CDU-Landesvorsitzenden und Ministerpräsidenten Lothar Späth im Gerichtssaal hörte. Wortreich versuchte Späth darzustellen, daß im CDU-Präsidium nie über Einzelheiten der Einnahmeseite gesprochen wurde. In den siebziger Jahren habe er als CDU-Fraktionschef von den Wirtschaftsverbänden und Fördergesellschaften zwar gewußt, nicht jedoch deren Kaskadenfinanzierung am Finanzamt vorbei. Ab 1979/80 habe er die Finanzierung geändert, als er deren Problematik erkannte. Dazu habe er CDU-Landesvorsitzender werden müssen.

Der frühere CDU-Staatssekretär Gerhard Mahler war immer der Meinung, daß Späth über die Spendenpraxis Bescheid gewußt habe. Jedoch konnte Mahler seine Aussage nicht mit Dokumenten lückenlos beweisen. Mahler hatte in einem Brief an Späth darauf hingewiesen, dieser habe im Merkle-Prozeß mehrfach falsch ausgesagt.

Nachdem der frühere Schatzmeister der CDU, der Landesjägermeister Hubertus Neuhaus, seinen Strafbefehl von über 30 000 Mark wegen »fortgesetzter Beihilfe zur Steuerhinterziehung« bekommen hatte, war Neuhaus auch der Meinung, »die Herren wissen Bescheid«. Da war der Merkle-Prozeß aber schon vorbei. Im Neuhaus-Verfahren gab es eine seltene Häufung von Merkwürdigkeiten. Das Neuhaus-Verfahren war bei der Wirtschaftsstrafkammer des Richters Krause angeklagt, also als Wirtschaftsstrafsache von erheblicher Bedeutung. Wegen seit langem bekannter Überlastung teilte Krause dann öffentlich mit, daß er vor Verjährungsablauf nicht terminieren könne. Auf Anregung des Gerichts nahm die Staatsanwaltschaft die Klage zurück und beantragte einen Strafbefehl, der dann antragsgemäß erlassen wurde und später auch rechtskräftig wurde. Während dieser Hängepartie hatte Neuhaus das Recht, die Aussage im Merkle-Prozeß zu verweigern.

Späth stellte den alten Zustand des Nichtwissens wieder her, der war aber auch nicht schön: Späth war im Merkle-Prozeß nicht vereidigt worden wegen des Verdachtes auf Falschaussage.

So gesehen war der Merkle-Prozeß ein weiteres Treppchen nach unten. In Baden-Württemberg ist die Frage nie richtig diskutiert worden, ob ein Ministerpräsident tragbar ist, der nicht vereidigt wird, wegen des Verdachtes auf Falschaussage.

Späths Innenminister, Dietmar Schlee, der früher CDU-Generalsekretär gewesen war, erging es ebenso. Bei ihm hat der Merkle-Prozeß dazu beigetragen, daß er die Kronprinzenrolle verlor.

Der Prozeß brachte Späth »den Tatbestand der unterlassenen Hilfeleistung in einem schweren Fall ein«: Die baden-württembergische Wirtschaft veranstaltete keine Rettungsaktion für ihn, als er gefährdet war. »Gottvater« Merkle und andere Industrielle unterstellten Späth intern, er hätte zwar Spenden für die CDU gern gesehen, im Prozeß aber nur seine Weste weiß halten wollen. Die guten Wirtschaftsbeziehungen einrechnend, die Genugtuung der Wirtschaft über einen Wirtschafts-Ministerpräsidenten sehend, ist es unverständlich, daß die baden-württembergische Wirtschaft am 2. Januar 1991 nicht mit einem Urschrei der Empörung an die Öffentlichkeit trat, um einen möglichen Rücktritt oder eine Rücktrittsdiskussion Späths zu verhindern. So gab es nach dem Rücktritt nur braves Bedauern. Mit dieser »Verhaltensstörung« der baden-württembergischen Industrie hat der Merkle-Prozeß zu tun beziehungsweise Merkle selbst, der noch immer großen Einfluß in Baden-Württemberg hat. Anders ausgedrückt: Das Großkapital hat einen wirtschaftsfreundlichen Ministerpräsidenten fallen lassen, weil er das Großkapital beleidigt hatte. Die Beleidigung allein hätte für einen Sturz nicht gereicht, eine Traumschiff-Affäre mußte hinzukommen.

Die politische Einordnung von Späth in den Jahren vor der Traumschiff-Affäre ist keine persönliche Kommentierung des einsamen Reporters. Mehr oder weniger offen klangen diese Analysen in manchen Kommentaren durch. Selbst in der CDU. Jetzt in der Pension konnte der bisherige Präsident des baden-württembergischen Rechnungshofes, Otto Rundel, gegenüber der »Schwäbischen Zeitung« klar, offen und oberschwäbisch-kantig mit dem Ministerpräsidenten Späth abrechnen, nachdem er so viele Jahre unter Späth und dessen Finanzpolitik gelitten hatte. Auch er erkannte in Späth den absolutistischen Fürsten, dem keiner die Probleme gesagt hatte. Rundel hat inzwischen auch an Späth eine »Reisemanie« festgestellt: »Die Reisen hätte er so nicht machen dürfen«, meinte Rundel. Der konservative CDU-Mann Rundel wurde richtig grantig: »Am Anfang war es ganz gut, der Wirtschaft die Türen zu öffnen, aber zum Schluß ist er ja gereist, weil er es zu Hause nicht mehr ausgehalten hat.« Späth habe irgendwann gar kein Interesse an der Landespoltik gezeigt. Rundel: »Späth wäre gut beraten gewesen, wenn er fünf Jahre früher aufgehört hätte.«

Das war die politische Situation als die Traumschiff-Affäre auf Späth losdampfte.

Die Traumschiff-Affäre

Stuttgart-Zuffenhausen, im Gebiet von Lorenz- und Marconi-straße. Ein Beamter ärgert sich. Er ärgert sich über den Vorstandsvorsitzenden der benachbarten Hauptverwaltung von »Standard Elektrik Lorenz«. Die schweren, gepanzerten Vorstandslimousinen machen ihm das Leben schwer. Immer dann, wenn Helmut Lohr zur SEL chauffiert wird, muß er warten, bis der große Lohr passiert hat.

Dieser Ärger mag mit der Grund sein, warum eine Anzeige gegen Helmut Lohr bei den Behörden einging. Die Steuerbehörden begannen, sich mit den Einkommensteuererklärungen von Herrn und Frau SEL zu beschäftigen. Die Anzeige war ein Volltreffer. Unter dem Titel »Einkünfte aus Kapitalvermögen« hatte das Ehepaar Lohr dem Finanzamt im Jahr 1982 bescheidene 415 Mark angegeben, bei Jahreseinkünften von 1 004 374 Mark.

Den vollen Umfang der Steuerhinterziehung entdeckten die Fahnder freilich erst später, im Dezember 1988, bei der Durchsuchung des Hauses Lohr in Vaihingen/Enz. Von da an hatten sie leichtes Spiel, konfiszierten sie doch einen Aktenordner, der die Aufschrift trug: »Dem deutschen Fiskus nicht bekannt«.

Die nicht versteuerten Einkünfte aus Zinsen für Kapitalvermögen betrugen in all den Jahren zwischen 57 888 und 85 231 Mark. Hinzu kam, daß das Ehepaar Lohr Zigtausende von Mark an Spekulationsgewinnen nicht erklärt hatte. Außerdem waren Einkünfte aus Optionsgeschäften mit ITT-Aktien von insgesamt 1,5 Millionen Mark nicht angegeben worden. Als Steuerhinterziehung nannte der Staatsanwalt am 15. November 1990 einen Gesamtbetrag von mehr als 1,4 Millionen.

Helmut Lohr, der SEL-Chef, war in den goldenen baden-württembergischen Achtzigern der Prototyp des erfolgreichen südwestdeutschen Industriemanagers. Wie ihn gab es noch eine Handvoll Männer, die sich im Umfeld des baden-württem-

bergischen Ministerpräsidenten sonnten. Aus kleinen Verhält-
nissen stammte dieser so charakteristische Personenkreis;
Fleiß und Ehrgeiz zeichnete ihn aus und ein unbändiger Wille,
die Karriereleiter zu beschreiten. Sozialer Aufstieg als Hochlei-
stungssport. Was folgte, war gesellschaftliche Anerkennung,
die sich so weit entwickelte, bis der Bezug zur Realität verloren
ging. Das war so bei Lohr von SEL, bei Strobel von »Blendax«,
bei Niefer von »Mercedes« und auch bei Späth von Baden-
Württemberg.

Helmut Lohr pflegte als SEL-Vorstandsvorsitzender und
Vaihinger Bürger die Exklusivität. Exklusiv fand er, was teuer
und groß war, was nicht jeder bekommen konnte, für ihn aber
käuflich war.

Insignien der Macht waren für ihn die gepanzerten Luxus-
limousinen, die Fahrer und die Leibwächter. Und auch das
Haus. Schöner wohnen war für Helmut Lohr in Haus und Garten ein Prinzip; aus angeblichen Sicherheitsgründen wurden
fast ausgewachsene Koniferen zum Stückpreis von 15 000 Mark
vom mobilen Autokran über den Dachfirst gehievt, damit sie
als Sichtschutz angepflanzt werden konnten.

Der SEL-Chef genoß weitere Privilegien. Die Stadt Vaihingen hatte ihm eine nicht genehmigungsfähige Mauer um sein
Anwesen genehmigt; sogar die Ampelschaltung aus dem
Wohngebiet um die Vaihinger Gerokstraße war so abgestimmt,
daß der Wagentroß den SEL-Chef ohne lästigen und vielleicht
gefährlichen Rot-Aufenthalt zur Arbeit bringen konnte.

Arroganz

Seine Arroganz war bewundernswert. Er saß auf der Anklagebank und hatte nichts Besseres zu tun, als dem Vorsitzenden
Richter, den Beigeordneten und den Schöffen vorzuführen,
daß sie Menschen zweiter Klasse waren.

Helmut Lohr, entmachteter Herrscher über vormals 30 000
SEL-Mitarbeiter, konnte sich mit seiner neuen Rolle nicht
zurechtfinden. Im eleganten, dunklen Zweireiher spielte er im
Gerichtssaal immer noch das, was er dreizehn Jahre lang war:
den Boß.

Doch Helmut Lohr war angeklagt. Aber die Anklage führte
bei ihm nicht zur Bescheidenheit und Reue. Stolz erwähnte der

frühere SEL-Chef, in welchem Rahmen er sich zu Hause fühlte: Er sprach vor Gericht von der »Ranghöhe seiner Gäste«, vom »Stil unserer Bekanntschaft«, Lohr wollte mit dem ITT-eigenen Golfplatz in Massachusetts Eindruck machen und kokettierte mit einem System von persönlichen Beziehungen, das sich parallel zur Führungshierarchie im Weltkonzern entwickelt habe.

Der Boß auf der Anklagebank prahlte nicht mit Namen; er deutete nur an. Hier ein einflußreicher Geschäftsfreund aus Saudi-Arabien, dort ein Postminister, ein Generalsekretär und da ein Verteidigungsminister.

Helmut Lohr hielt noch als Angeklagter eine Fassade aufrecht und beanspruchte im Gerichtssaal noch immer die Gesellschaftsspitze für sich, und er, der bis vor kurzem zu den sechs wichtigsten Wirtschaftsbossen im Musterland Baden-Württemberg gerechnet wurde, mußte sich vor der achten Wirtschaftsstrafkammer des Stuttgarter Landgerichts, zusammen mit seiner Ehefrau Franziska, verantworten.

Die Anklage, die Staatsanwalt Paul Gramich am 15. November 1990 vortrug, hörte sich gewaltig an: Untreue gegenüber der Firma und Steuerhinterziehung, das waren die dicksten Brocken. Und das ihm, dem Duzfreund des Ministerpräsidenten Lothar Späth, dem ehemaligen Honorarkonsul für Großbritannien und Indonesien.

Helmut Lohr wurde beschuldigt, die eigene Firma betrogen zu haben. Das machte den Angeklagten fassungslos: »Nach fast 25 Jahren bedingungsloser Identifikation mit dem Unternehmen SEL trifft es mich besonders hart, daß mir nun die Anklage Untreue zum Schaden dieses Unternehmens vorwirft.«

70 Stunden und mehr in der Woche, so argumentierte Lohr vor Gericht, habe er sich für das Unternehmen aufgeopfert, da konnte kein Gespräch und keine Einladung bloß privat sein; da stand immer die SEL im Mittelpunkt. All dies war notwendig, um den behäbigen Hoflieferanten der Bundespost namens SEL zum anerkannten Unternehmen der Hochtechnologie zu verändern.

Die Untreue ging so: Die Lohrs hatten sich nach langer, europaweiter Suche auf der Mittelmeerinsel Mallorca eine eigene Villa gekauft. – Mallorca, das war für einen Lohr eigentlich die Touristen-Insel schlechthin und damit Inbegriff un-

26

die Einkünfte aus Kapitalvermögen bewußt nur zu einem
geringen Teil enthalten waren, um so die hierauf ent-
fallenden Einkommensteuern zu hinterziehen, und zwar im
einzelnen:

Jahr	Einkünfte laut Erklärung	nicht erklärte Einkünfte
1982	415,--	66.162,--
1983	2.789,--	57.888,--
1984	3.222,--	66.433,--
1985	3.305,--	85.231,--
1986	16.387,--	71.965,--

Der Angeschuldigte und seine Ehefrau erstatteten am 21.12.
1987 eine im Hinblick auf die Einkünfte aus Kapitalvermögen bewußt unvollständige und unrichtige Selbstanzeige, in
der sie für das Jahr 1985 Einkünfte aus Kapitalvermögen in
Höhe von DM 8.113,-- nachmeldeten, um so die gleichzeitig
abgegebenen, jedoch wiederum bewußt unrichtigen Vermögen-
steuererklärungen der Jahre ab 01.01.1980 plausibel zu
machen. Diese Selbstanzeige war insoweit mangels bewußt
richtiger Angaben unwirksam.

Die Einkommensteuererklärungen wurden durch die Angeschul-
digten beim Finanzamt Bietigheim-Bissingen im einzelnen
wie folgt abgegeben:

Jahre	Abgabe/Erklärung	Erlaß/Bescheid	zu versteuerndes Einkommen laut Erklärung
1982	12.09.1983	07.08.1984	DM 946.197,--
1983	04.12.1984	26.07.1985	DM 1.041.786,--
1984	24.09.1985	15.07.1986	DM 1.242.835,--
1985	30.09.1986	04.02.1987	DM 1.476.978,--
1986	11.01.1988	19.04.1988	DM 1.962.376,--,

Auszug aus der Anklageschrift gegen Franziska und Helmut Lohr.

appetitlichen Konfektionsurlaubs; es bedurfte zuvor einer persönlichen Einladung des SEL-Chefs durch eine anerkannte Unternehmerpersönlichkeit, die ihn erst von der Schönheit der Mittelmeerinsel überzeugen konnte.

Abseits der großen Fremdenverkehrsströme hatte die Familie Lohr durch Vermittlung des Karlsruher Möbelhändlers Mann ein zwei Millionen Mark teures Anwesen erworben. Die Umbaukosten holten sich die Lohrs »zu großen Teilen wieder von der SEL«. So sah es der Staatsanwalt.

Helmut Lohr war mit ganzem Herzen bei der Sache. Der SEL-Vorstandsvorsitzende hatte den Ehrgeiz, diesen Umbau selber zu überwachen; der Topmanager als Bauleiter gewissermaßen. Unterstützen ließ sich Helmut Lohr dabei von seinem persönlichen Referenten aus der Vorstandsetage, den natürlich die SEL bezahlte.

Dieser persönliche Mitarbeiter des SEL-Chefs schätzte, daß etwa 30 Prozent seiner Arbeitszeit mit dem Umbau der Ferienvilla zu tun hatten. Überhaupt, er wird den Verdacht nicht los, daß er nur seiner sehr guten Spanischkenntnisse wegen den Job in der Vorstandsetage bekommen hatte.

Helmut Lohr verlangte von sich und seinem Mitarbeiter viel. Selbst am Heiligen Abend 1986 war es für den Industrieboß selbstverständlich, daß sein persönlicher Spanisch-Handlanger für ihn da war und soeben eingetroffene Baupläne übersetzte; damit er selber während der Feiertage über die Renovierung nachdenken und über den Grundriß grübeln konnte. »Eine Hornhaut muß man sich bei dem Job um die Seele wachsen lassen«, meinte der Assistent.

Lohr verlangte von seinen Mitarbeitern totale Aufopferung. Ein Beispiel: Der persönliche Referent hatte ordnungsgemäß seinen Urlaub beantragt, der ihn dann im Laufe einer Frankreich-Rundreise auch in ein Hotel nach Straßburg führte. Als er dort an einem Samstag gegen Mitternacht zusammen mit seiner damals schwangeren Ehefrau eintraf, fand er eine Notiz vor, er solle sofort Kontakt mit der Sekretärin des Vorstandsvorsitzenden aufnehmen.

Er habe »zuviel roten Wein« getrunken, um bis zum nächsten Morgen zum Stuttgarter Flughafen kommen zu können, widersprach der Urlauber, als Lohr ihm telefonisch bestellen ließ, er solle sechs Stunden später von dort aus für Dolmetscheraufgaben auf der Baustelle mit nach Mallorca fliegen.

Als der persönliche Referent acht Tage später, nach Urlaubsende, wieder an seinen Arbeitsplatz kam, fand er als Warnung, damit so etwas nie wieder vorkomme, auf seinem Schreibtisch die Notiz des Chefs vor, er möge sich mit der Personalabteilung in Verbindung setzen, um die Kündigungsformalitäten abzuklären.

Daß Helmut Lohr Mitarbeiter der SEL für den Umbau seines Mallorca-Domizils einsetzte, das war nach seinem Selbstverständnis eine normale Sache. »Für mich gab es kaum eine Trennung zwischen Privat- und Geschäftsleben.« Helmut Lohr diente der SEL, und die SEL hatte Helmut Lohr zu dienen. »In allem, was ich tat, war das Unternehmen präsent«, und »keiner meiner Geschäftsgäste, keiner meiner Gesprächspartner, ob im Büro oder in unserem Privathaus, machte da einen Unterschied«, kein Zweifel: Helmut Lohr war die SEL, so wie Lothar Späth in dieser Zeit Baden-Württemberg war.

Diesem Selbstverständnis entspringt auch die Überzeugung des Ehepaares Lohr, sich auf Mallorca kein »privates« Ferienhaus gekauft zu haben. Schon das Wohnhaus in Vaihingen/Enz habe sich zu einem Schwerpunkt des geschäftlichen Lebens entwickelt, so daß auch dort die private Sphäre in den Hintergrund habe treten müssen. Dies sollte auf Mallorca nicht anders sein.

»Das Haus auf Mallorca bot eine willkommene Erweiterung der Möglichkeiten, zu Persönlichkeiten, die für ITT und für SEL von Bedeutung waren, einen engeren und persönlicheren Kontakt aufzubauen.« Politische Landschaft sollte in der künftigen Villa Lohr auf Mallorca gepflegt werden, zum Ruhm der SEL und zur Aufwertung der eigenen Stellung in der feinen Gesellschaft.

Aus innerster Überzeugung hielt es der SEL-Chef deshalb für angebracht, daß das Unternehmen die Kosten zu tragen hatte, die für die Flüge im privaten Lear-Jet nach Mallorca in Rechnung gestellt wurden. Das Haus war zum Nutzen der SEL, also, so die Lohrsche Logik, hatte SEL zu bezahlen.

Vierunddreißig Mal startete der gecharterte Lear-Jet in Richtung Ferienhaus. An Bord waren meist Bauherrin und Bauherr, Dolmetscher und Mitarbeiter, Handwerker und Baumaterial; es gab den Sack Zement, der während des Fluges auf den Knien gehalten werden mußte.

Helmut Lohr hat nie einen Flug abgestritten, und auch die Summe der Flugkosten von mehr als 528 000 Mark hat er nie in

Zweifel gezogen. Nein, alles hat genauso stattgefunden, wie es die Fahnder zusammengetragen hatten; aber alles war in den Augen des Angeklagten rechtens, weil die Flüge einen »geschäftlichen Anlaß« hatten.

Dies war und ist noch immer der Geist, der in den Köpfen einiger Baden-Württemberger herrscht und auf dem die Traumschiff-Affäre entstehen konnte.

Frostig

Die Ermittlungen gegen das Ehepaar Lohr traten im Winter 1988/89 in die entscheidende Phase. Aber auch in der SEL war es damals frostig. Helmut Lohr war zu dieser Zeit klar, daß er sich auf dem Sessel des SEL-Vorstandsvorsitzenden nicht würde länger halten können. Was zwei Jahre zuvor, beim Verkauf des Elektronikunternehmens vom amerikanischen Multi-Mix-Konzern ITT an die neue französische Muttergesellschaft »Alcatel« nur mit Mühe zugekleistert werden konnte, war jetzt nicht mehr zu kitten.

»Es wird Zeit, daß er geht«, sagte damals Manfred Glöck, der Vorsitzende des Gesamtbetriebsrats. Er war unversöhnlich. Ein bitterer Abschied war es für Helmut Lohr. Seit 1976 war er an der Spitze, aber er hatte sich dort mit den Jahren isoliert; der Chef war Chef um seiner selbst willen. Die Vertreter der Arbeitnehmerschaft im SEL-Aufsichtsrat hatten gegen die Verlängerung seines Vertrages gestimmt; damals hatte der Lohr-Freund Lothar Späth der »IG Metall« signalisiert, daß er es begrüßen würde, wenn die Gewerkschafter auf Lohrs Vorstandskollegen Gerhard Zeidler setzen würden.

»Eigentlich hätte man schon viel früher handeln müssen«, sagte auch Ernst Eisenmann, der frühere »IG Metall«-Bezirksleiter, der Mitglied im SEL-Aufsichtsrat war. Es habe viel Überwindung und auch Überzeugungskraft der anderen Mitglieder gekostet, damit er Helmut Lohr noch auf dem Chefposten habe ertragen können, solange bis der Übergang von ITT zu »Alcatel« geregelt war.

Schon 1986 war Helmut Lohr in seiner Firma in Schwierigkeiten. Der Aufsichtsrat hatte sich mit dem Gebaren des Vorstandsvorsitzenden befaßt; nur unter großen Mühen und mit viel Selbstüberwindung konnte der Aufsichtsratsvorsitzende

Johannes C. Welbergen die Situation entschärfen. Schon damals kursierten Gerüchte in der Firma über den aufwendigen Lebensstil des Helmut Lohr zu Lasten der SEL.

Der Vorstandsvorsitzende Lohr stand 1986 allein, er hatte den Kontakt zur Basis in der Firma verloren; alles, was er noch hatte, war seine gesellschaftliche Stellung, und dafür diente der Name Lothar Späth als Gütesiegel.

Lediglich der Verkauf der SEL durch die ITT an »Alcatel« rettete den Kopf des Vorstandsvorsitzenden; einen großen Skandal in der Öffentlichkeit, negative Schlagzeilen, das war das Letzte, was ITT und SEL in dieser Zeit gebrauchen konnten.

So war es im Dezember 1988 für viele wie eine Erlösung, als Lohr an den Aufsichtsratsvorsitzenden schrieb und ihn bat, »ihn mit Wirkung vom 28. Februar 1989 von seinen Verpflichtungen als Vorsitzender und Mitglied des Vorstandes zu entbinden«.

Die neue Muttergesellschaft »Alcatel« gab sogar ein Gnadenbrot. Pierre Suard, Chef des »CGE-Konzerns«, der dann über »Alcatel« und SEL herrschte, schuf für den 57jährigen Lohr den Posten eines »Senior Vice President« bei »Alcatel«. Ein Trostpflaster, das den Abschied erleichtern sollte.

Im Januar 1991 allerdings, als sich Helmut Lohr vor der achten großen Wirtschaftsstrafkammer verantworten mußte und die Traumschiff-Affäre hochkochte, bekam Lohr von »Alcatel« die fristlose Kündigung. Schon aufgrund seiner SEL-Abfindung in Höhe von 3,1 Millionen Mark plus einer unglaublichen Jahresrente von 667000 Mark bestand nie Gefahr, daß Helmut Lohr am Hungertuch nagen mußte.

Pfennige

So gewaltig sich die Anklage gegen den früheren SEL-Vorstandsvorsitzenden Helmut Lohr anhörte, so unvollständig war sie, wie sich später dann herausstellen sollte. Kleinigkeiten hatte die Staatsanwaltschaft ermitteln lassen und in die Anklage eingebracht, so daß die Öffentlichkeit vor der achten Großen Wirtschaftsstrafkammer des Stuttgarter Landgerichts den Eindruck haben mußte, daß da ein Fall gänzlich ausrecherchiert worden war.

Beeindruckend war für den Zuhörer, mit welcher Konsequenz der Machtmensch Helmut Lohr alle seine Ausgaben der SEL zur Bezahlung zu überlassen suchte. Ein Gewerkschaftsvertreter im SEL-Aufsichtsrat behauptete, daß Helmut Lohr sich 30 Pfennige für die Telefonzelle habe erstatten lassen, wenn einmal mit dem Autotelefon kein Durchkommen war.

In ähnlichen Kleinigkeiten erging sich auch der Staatsanwalt. Da war die Rechnung der Firma »Light Copy« vom 30. Januar 1987 über 178,66 DM für die Anfertigung von Kopien von Plänen der Lohr-Villa auf Mallorca. Bezahlt wurde der Betrag für angebliche Kopien von Plänen für Renovierungsarbeiten am Haus Lohr in Vaihingen/Enz.

Alles, was Helmut Lohr wegen des Dienstvertrages an derartigen Kosten erstattet erhielt, das schlug bei SEL doppelt zu Buche: Weil es Lohr in voller Höhe netto zugute kam, mußte natürlich die entsprechende Lohnsteuer vom Arbeitgeber – zum Spitzensteuersatz von 53 Prozent – an das Finanzamt abgeführt werden. Damit wurden aus den 178,66 DM für Kopien im Endeffekt 378,16 DM. SEL war da korrekt.

Lohr ließ sich bezahlen, was nur ging. So auch die Rechnung, die ein Stuttgarter Rechtsanwalt für das Numerus-clausus-Verfahren der Tochter Claudia über 2 907 DM ausstellte. Helmut Lohr ordnete die Kosten, die für den Medizin-Studienplatz der Tochter angefallen waren, einem angeblichen Nachbarschaftsstreit in Vaihingen zu. Als Betriebsausgabe bezahlte die SEL AG im Januar 1987 die Rechnung und die dazugehörige Lohnsteuer.

Zehn Übernachtungen plus Bewirtungskosten des Stuttgarter Nobelhotels Graf Zeppelin über 3 852,36 DM ließ Helmut Lohr von der SEL begleichen, weil es angebliche Repräsentationsaufwendungen für die Firma gewesen seien. Tatsächlich waren der Innenarchitekt für Lohrs Umbauprojekt auf Mallorca und seine Bekannten nach Auffassung des Staatsanwalts vom SEL-Chef privat bewirtet worden.

Die Rechnung der Gartenarchitekten für die Pläne des Gartens im »Projekt Mallorca«, so die SEL-interne Bezeichnung, in Höhe von 1 161,43 DM wurde als Aufwand für das Vaihinger Privathaus an die SEL geleitet. Als Betriebsausgabe wurde bezahlt, und als zusätzliche Leistung für ihren Vorstandsvorsitzenden führte die SEL 1 296,92 DM als Lohnsteuer an das Finanzamt ab.

Das Vorurteil über die Sparsamkeit in Schwaben wird über Gebühr strapaziert. Wer bei einem Jahreseinkommen von fast zwei Millionen Mark darauf achtete, daß solche Kleinigkeiten von der Firma getragen wurden, der entwickelte auch Energien, um größere Posten außerhalb der Privatschatulle begleichen zu lassen.

Da waren zum Beispiel 44 368,60 DM für drei Charterflüge mit »Contactair«, die im Zusammenhang mit der Suche und dem Kauf der privaten Ferienvilla standen. Am 10. April 1984 flog das Ehepaar Lohr auf die britische Insel Guernsey, um ein entsprechendes Objekt zu besichtigen. Helmut Lohr stellte das später anders dar: Einen iranischen Geschäftspartner habe er auf Guernsey treffen wollen; natürlich verbot es sich wegen der politischen Gefährdung dieses hochrangigen Freundes für Lohr, den Namen zu nennen.

Flug Nummer zwei im August 1984. Helmut Lohr reiste, wie gesagt, als Gast der Chefs der Karlsruher Mann-Gruppe nach Mallorca. »So etwas könnte uns auch gefallen«, soll das Ehepaar dem Gastgeber nach Besichtigung der Mann-Villa und des Nachbaranwesens erklärt haben, aber rein abrechnungstechnisch war das nach Auffassung der SEL-Chefs keine Reise, um ein Ferienhaus zu besichtigen, sondern eine dienstliche Besprechung mit einem Konzernchef. Es muß Zufall gewesen sein, daß Mann und Lohr später Nachbarn wurden.

Dienstliches stand nach Bekunden von Helmut Lohr auch im Dezember 1984 im Mittelpunkt, als der Vorstandsvorsitzende sich auf SEL-Kosten nach Madrid fliegen ließ. Dort hatte er einen kurzen, wichtigen Termin bei einer untergeordneten SEL-Fertigung und einen langen, nebensächlichen, bei dem Helmut Lohr sein künftiges Feriendomizil auf Mallorca erwarb und die notwendigen Verträge notariell beglaubigen ließ.

Nicht anders war es zu Beginn des Jahres 1986, als die schon lange vor dem Kauf in der Villa wohnenden Mieter die Neuerwerbung der Lohrs nach einigem juristischen Gezerre verlassen hatten. Helmut Lohr begann im Interesse der SEL nach Mallorca zu fliegen und zu renovieren.

Zweidreiviertel Jahre lang bemühte der SEL-Chef die Stuttgarter Lufttaxi-Unternehmung »Contactair«; wie schon erwähnt, orderte Lohr bis Oktober 1988 34 Flüge nach Mallorca, um die Bau-, Renovierungs- und Einrichtungsarbeiten der Villa zu überwachen. Bauleiter Lohr war durchschnittlich einmal im Monat auf der Baustelle.

So veranlaßte Helmut Lohr den Geschäftsführer des Flugdienstes, das häufige Flugziel Mallorca auf den Rechnungen umzuschreiben, wobei überwiegend Flugrechnungen über Inlandsflüge ausgestellt wurden und laut Staatsanwaltschaft meist für einen Flug nach Mallorca »zwei Rechnungen unterschiedlichen Datums für inländische Zielorte fingiert« wurden. Der Flugpreis war freilich identisch.

Schon am allerersten Prozeßtag gab Lohr als Erklärung für die Manipulation die terroristische Gefährdung seiner Person zu Protokoll. Aus Sicherheitsgründen habe er Mallorca verschleiert; nur wenige hätten es unbedingt wissen müssen, so der Fahrer, die Sekretärin, daß es dort ein Haus gebe; warum unbedingt die Gefährdung dadurch erhöhen, daß auch Leute in der Buchhaltung ohne Not Kenntnis erhielten. Die Argumentation behielt Lohr bis zum Ende des Prozesses bei.

Lohr sah die Renovierung der Mallorca-Immobilie unter dem Sicherheitsaspekt:»Die SEL hätte an jedem Platz der Welt für meine Sicherheit zu sorgen gehabt.«

In der Summe hörte sich der Schaden durch den fliegenden Bauleiter Lohr zu Lasten der SEL gewaltig an: 480 334,80 DM errechneten die Ermittler. Bei einem Jahreseinkommen von fast zwei Millionen Mark aber ist das in einem Zeitrahmen von fast drei Jahren eine eher untergeordnete Summe.

Noch viel unverständlicher wird Lohrs Verhalten, betrachtet man sich die Baurechnungen, die sich der Einkommensmillionär von der SEL bezahlen ließ: hier eine Heizungsrechnung (22 800 DM), da ein Edelstahlgeländer (für 9 234 DM), Linienflüge für die Handwerker (4 264 DM), Stukkateurarbeiten (für 8 919 DM), der Einbau einer Alarmanlage (für 5 689 DM).

Der erfolgreiche Industriemanager aus Baden-Württemberg hatte seine Handwerker im Griff: Alles wurde laut Rechnungslegung nicht als Leistung an der Villa Lohr auf Mallorca erbracht, dies alles waren angeblich Arbeiten am Privathaus des SEL-Vorstandsvorsitzenden in Vaihingen/Enz. Das hatte seinen guten Grund: Dort war ja klar, wer bezahlen mußte. SEL.

Zwischen 1979 und 1986, so hatten es jedenfalls ITT-Controller herausgefunden, bezahlte die SEL an ihren Chef für solche Wartungsarbeiten rund 1,7 Millionen Mark. Wer sollte nach solchen Zahlungen an den bescheidenen Mallorca-Beträgen Anstoß nehmen?

Das Ehepaar Lohr war allerdings auch dickerer Brocken wegen angeklagt: Große Spekulationsgewinne kassierte das Ehepaar Lohr rein netto – in den Steuererklärungen tauchten sie nicht auf. Eine Steuerhinterziehung, die sich gelohnt hatte.

Um Topmanager über ihr Jahresgehalt hinaus belohnen zu können, hatte die ITT Corporation den »Stock Options Incentive Plan« geschaffen. Ein Hochsicherheits-Aktiengeschäft mit Risiko null bei der Verwirklichung für den Begünstigten.

Der Reibach wird folgendermaßen gemacht: Der, der belohnt werden soll, kann nämlich ITT-Aktien zu dem Preis beziehen, der am Tag der Zusage dieser Rechte an der New Yorker Effektenbörse gilt; daß er diese Aktien zu jedem beliebigen Zeitpunkt zu einem aktuelleren, sprich: höheren Kurs weiterverkaufen kann, das ist für den Weltkonzern ITT eine Selbstverständlichkeit.

Zweimal, so ergaben es die Ermittlungen der Staatsanwaltschaft, nahm der damalige SEL-Vorstandsvorsitzende Helmut Lohr diese Möglichkeit wahr, und er erzielte dabei gute Gewinne. Zunächst 320 000 DM, beim zweiten risikofreien Aktiengeschäft ging's in die Vollen; es waren dann 1,2 Millionen Mark. Versteuert hat Helmut Lohr diese zusätzlichen Einkünfte nicht.

So umfassend und vielleicht sogar überwältigend diese Anklage erscheinen mag: sie spiegelte das nicht wider, was insgesamt auch ermittelt worden war. Ein Bereich, gegenüber dem das in die Anklage aufgenommene Numerus-clausus-Verfahren der Lohr-Tochter eine Bagatelle darstellt, tauchte im Stuttgarter Gerichtssaal erst gar nicht auf. Es war der Bereich politischer Landschaftspflege, bei der der Name des damaligen baden-württembergischen Ministerpräsidenten Lothar Späth eine große Rolle spielte.

Beweisaufnahme

Was ist das nur für ein Mensch, der sich so darstellen muß, bei dem man aber merkte, daß die Person, die zu sein sie vorgab, in den Anzug nicht paßte? Das fragte sich nicht nur der Repor-

ter. Und was mag er neben einem gewissen Maß an Menschen-
verachtung an Eigenschaften besitzen, die ihn für die Chefrolle
qualifizierten? Der Reporter überlegte auch, wie es zur Freundschaft zwischen Helmut Lohr und dem baden-württembergischen Ministerpräsidenten gekommen sein konnte.

Eigenartig war nach dem Prozeßauftakt freilich die Tatsache,
daß bei aller Angeberei im Gerichtssaal der Name Lothar Späth
nicht gefallen war. Alle Prozeßbeteiligten, Richter, Staatsanwälte, Angeklagter inklusive Ehefrau und Verteidiger, schienen
um die Person des baden-württembergischen Ministerpräsidenten wie um den heißen Brei herumzuschleichen.

Andererseits gab es schon kurz nach Beginn der Beweisaufnahme erste, verschlüsselte Hinweise auf die Traumschiff-
Affäre. Lohrs Düsseldorfer Prominentenanwalt Sven Thomas
ließ sich von den Vertretern der Anklage bestätigen, daß im
Bedarfsfall alle Ermittlungsakten beigezogen werden konnten,
auch diejenigen, die über die Vorwürfe in der Anklage hinaus-
gingen.

Es gab also, so mußte man schließen, auch Ermittlungen,
die in der Hauptverhandlung nicht behandelt wurden.

Anfang Dezember 1990 erschien vor Gericht der Zeuge Reinhold Knoll, ehemaliges Vorstandsmitglied für Finanzen bei der
SEL. Am Schluß seiner Aussage bestätigte er dem Lohr-Vertei-
diger, daß ein Verfahren gegen ihn nach Paragraph 170, Absatz
2, der Strafprozeßordnung eingestellt worden sei; das bedeu-
tete, daß die Ermittlungen keinen genügenden Anlaß zur
Anklageerhebung geboten hätten. Ein Verfahren, bei dem die
Firma »Contactair« und ein Flug nach Hamburg eine Rolle
gespielt hatten. Die Frage paßte nicht in den Rahmen dieser
Vernehmung, und als Zuhörer horchte man auf.

In einer Verhandlungspause erklärte Thomas auf die Frage,
welchen Sinn es gehabt habe, daß er Knoll zu diesem Vorgang
befragt habe: »Damit habe ich einen ähnlichen Fall zu diesen
Mallorca-Flügen, der eingestellt worden ist.«

Wie sich viel später abzeichnete, hatte der SEL-Finanzchef
Knoll mit einem fingierten Flug wahrscheinlich 20 000 DM
besorgt, die dann vermutlich als »Klingelgeld« für die Ägäis-
Reise der Familien Lohr und Späth dienten. Behilflich war wiederum die Stuttgarter »Contactair«, die mutmaßlich einen
Flug von Friedrichshafen nach Hamburg in der Buchführung
vortäuschte, der SEL eine Rechnung dafür stellte und bar an
den Geldbeschaffer Knoll auszahlte.

Aber davon konnte man im Gerichtssaal nichts ahnen. Vielmehr fragte man sich, was denn das nun sollte? Von einem Hamburg-Flug hatte man bisher noch nichts gehört. Aber man konnte kombinieren, daß das mit den Ermittlungen zu tun hatte, die sich nicht in der Anklageschrift wiedergefunden hatten.

Einen weiteren Wink, um auf die Spur der Traumschiff-Affäre zu kommen, gab es wenige Tage später. Im Gerichtssaal wurde erörtert, wie und warum innerhalb der SEL Mitte der achtziger Jahre die Gerüchteküche über das Luxusleben des Helmut Lohr zu kochen begann.

Lohr stellte das anders dar: Installationen und Umbauten seien kein Luxus gewesen, sondern Notwendigkeiten zum Schutz seiner Person und seiner Familie. Kein Luxus, sondern Sicherheit war das nach seiner Darstellung im Gerichtssaal. Als Beleg für seine terroristische Gefährdung, und damit als Argument für die Notwendigkeit teurer Sicherheitseinrichtungen, bemühte Lohr vor Gericht ein DKP-Flugblatt, auf dem auch sein Mallorca-Haus erwähnt worden war.

Damals, im Herbst 1986, war es um den Vorstandsvorsitz des Helmut Lohr beinahe geschehen. Im Aufsichtsrat der SEL wurde nach dem Luxusleben des Vorstandsvorsitzenden gefragt, und der Chef dieses Gremiums, Johannes C. Welbergen, mußte für Lohr eine Ehrenerklärung dahingehend abgeben, daß alles in Ordnung sei. Unstimmigkeiten drangen zwar gerüchteweise nach außen, aber ein Eklat wurde vermieden. Ruhe war allererstes SEL-Gebot, während ITT und »Alcatel« ihr Geschäft aushecketen.

Aus diesem Grunde war auch ein Bericht der Internen Revision der ITT über den SEL-Chef geschönt worden. Der ursprüngliche Bericht war nach den Worten des ITT-Controllers Christer Almqvist in der europäischen ITT-Zentrale in Brüssel mit »Erstaunen und etwas Entsetzen« aufgenommen worden.

Im Gerichtssaal wurde Almqvists ursprünglicher Prüfungsbericht verlesen, und man konnte dabei die Dimensionen kennenlernen, die den international erfahrenen Revisor in Entsetzen versetzt hatte: Auf zwei ihm zugeordneten Kostenstellen hatte der SEL-Vorstandsvorsitzende in der Zeit von Januar bis Oktober 1986 Gelder in Höhe von annähernd 14 Millionen Mark durchgebracht. Für sein Büro, für Autos und Flugzeuge, für Versicherungen, für die Konsulate, für Sekretärinnen, persönliche Mitarbeiter und anderes.

Noch etwas stach dem ITT-Controller Almqvist 1986 ins Auge: die selbst für ITT-Führungskräfte ungewöhnlich hohe Anzahl von Flügen im eigens gecharterten Privatflugzeug. Christer Almqvist merkte sich aus der SEL-Buchführung einige exemplarische Flugdaten und Rechnungsnummern und marschierte zu »Contactair« Stuttgart, wo Helmut Lohr zu chartern pflegte.

Almqvist verließ »Contactair« nach eigenen Worten mit einigem Herzklopfen, weil er wußte, daß das, was er bei der Aktendurchsicht im Flugdienst erfahren hatte, »eine Sache war, die für mich nur auf einem Zeugenstuhl enden konnte«. – Almqvist hatte entdeckt, daß die Mallorca-Flüge umgeschrieben und fingiert als innerdeutsche Flüge über die SEL abgerechnet worden waren.

Er fand noch anderes heraus. So fragten sich Almqvist und die anderen ITT-Controller, welchen Sinn Charterflüge nach Athen haben sollten. Es gab da zwar ein Foto vom SEL-Chef, wie er eine SEL-Lagerhalle in Griechenland besichtigte, aber einen extra Sonderflug von Stuttgart nach Athen rechtfertigte dieses Foto nicht.

Der Bericht, den Christer Almqvist und seine Kollegen über die Aufwendungen des SEL-Vorstandsvorsitzenden Helmut Lohr anfertigten, wurde im November 1986 in der Europa-Zentrale von ITT in Brüssel in Anwesenheit von Helmut Lohr besprochen. Vor dieser Besprechung erklärte der ITT-Justitiar aus New York einem anderen Stuttgarter SEL-Vorstand: »Wir kriegen das schon wieder hin.«

Dennoch verlief die Sitzung damals offenbar dramatisch, als die Ergebnisse des Prüfberichts besprochen wurden. Lohr soll beispielsweise beteuert haben, eine in der Akte angeführte Handwerkerrechnung selbst bezahlt zu haben; ein Anruf bei der SEL-Buchhaltung in Stuttgart-Zuffenhausen ergab jedoch, daß Lohr erst wenige Minuten zuvor ebenfalls telefonisch aus Brüssel die Anweisung gegeben habe, diese Rechnung, die im August von SEL bezahlt worden war, von seinem Dezember-Gehalt abzuziehen.

Der Europa-Statthalter von ITT, Daniel P. Weadock, ordnete damals allerdings an, daß Helmut Lohr alle Flüge im Lear-Jet von mehr als eineinhalb Stunden Dauer genehmigen lassen mußte, in der ITT-Zentrale in Brüssel, von einem Mann namens Weadock.

Als dies vor dem Landgericht Stuttgart im Dezember 1990 bei der Beweisaufnahme zur Sprache kam und die Anklage die Freiflug-Obergrenze von eineinhalb Stunden auf die Mallorca-Flüge des SEL-Chefs bezog, lieferte Helmut Lohr im Gerichtssaal den wichtigsten Hinweis auf die Traumschiff-Affäre. Lohr widersprach: Nein, die zeitliche Beschränkung habe nichts mit Mallorca zu tun; Athen-Flüge, die sehr teuer gewesen seien, hätten dazu geführt.

Drei Punkte waren jetzt bekannt: Nicht alles, was ermittelt worden war, war auch Gegenstand der Anklage; ein Verfahren gegen den SEL-Finanzchef, das im Zusammenhang stehen mußte, war eingestellt worden; und es gab teure Lear-Jet-Flüge nach Griechenland.

Flurfunk

In den Verhandlungspausen kann man Gruppenbildung beobachten; Journalisten stehen zusammen und die SEL-Rentnergruppe, die nochmals ihren früheren Chef besichtigen will; die Dauer-Prozeßbesucher, die immer dann per Buschtrommel in dem Saal auftauchen, wenn es gerade spannend zu werden verspricht. Und da ist die undefinierbare Gruppe, von der keiner weiß, wo sie herkommt und warum sie da ist.

Ein derart Undefinierbarer brachte diskret die Traumschiff-Affäre in Gang. Am Aschenbecher, beim Gespräch über Arroganz und Abgehobenheit des Angeklagten, über politische Landschaftspflege und Ranghöhe von Persönlichkeiten, nannte er den Namen des baden-württembergischen Ministerpräsidenten.

Der Tipgeber, den der Reporter zunächst für einen Kollegen von der schreibenden Zunft gehalten hatte, der sich aber später als ein Beamter des baden-württembergischen Ministerpräsidenten entpuppte, nannte ein Datum: Mai 1986.

Der Rest war vor allem Archivarbeit, mit der die Traumschiff-Affäre freigelegt wurde. Dann war klar, was im Zusammenhang mit dem Fall Lohr ermittelt worden war, aber sich in der Anklage nicht wiederfand: Die »Südwest-Presse« Ulm druckte am

23. Mai 1986 in ihrer Kolumne »Stuttgarter Szene« ganze drei Sätze:

»Wieder an gewohntem Deck sein will Ministerpräsident Lothar Späth nach sieben Tagen Abwesenheit Ende der Woche. Derzeit schippert er noch auf großem Segelboot durch die Ägäis. Mit an Bord übrigens ist der SEL-Chef Helmut Lohr.«

✶

Wieder an gewohntem Deck sein
will Ministerpräsident Lothar Späth
nach sieben Tagen Abwesenheit
Ende der Woche. Derzeit schippert
er noch auf großem Segelboot
durch die Ägäis. Mit an Bord übrigens ist der SEL-Chef Helmut Lohr.
wie

---

aus: »Südwest-Presse« vom 23. Mai 1986

Der Hinweis auf die Traumschiffreise!

In BILD-Stuttgart fand sich am 20. Mai 1986 die Überschrift »Ministerpräsident Späth – mit der Familie in der Ägäis«. Der Text lautete folgendermaßen: »Blauer Nadelstreifen, rotblau gestreifte Krawatte – lächelnd erzählte Lothar Späth im Restaurant ›Dicker Turm‹ (Esslinger Burg) von seinem Besuch in Ostberlin, Dresden und Weimar – vor allem vom Elefantenkeller! – ›Dort gab's einen hervorragenden Doppelkorn‹, schwärmte er. – Der Ministerpräsident war bereits in Urlaubsstimmung. Am nächsten Tag flog er mit Ehefrau Uschi, den Kindern Peter und Daniela an die Ägäis. ›Wir machen einen Segeltörn‹, sagte er. Vierzehn Tage wollen die Späths bleiben.«

Die Späths blieben nur eine Woche. Auf Einladung des SEL-Chefs Lohr. Das Segelboot war eine Motorjacht mit Namen »Something Cool«, und die Woche kostete satte 90 000 DM. Abgerechnet als ›Nützliche Abgaben‹ über die SEL. So das Ergebnis der weiteren Recherchen.

Ausgeschieden

Es war am 22. Dezember, zwei Tage vor Weihnachten 1990. Auf telefonische Anfrage bestätigte der für den Bereich Wirtschaftskriminalität bei der Stuttgarter Staatsanwaltschaft zuständige Pressesprecher, Wolfgang Schmid, die Bescherung.

Reporter und Staatsanwalt vereinbarten einen Termin für ein offizielles Bestätigungsinterview der Recherche für den 27. Dezember 1990. Eine Aufnahme vor Weihnachten scheiterte an noch unerledigten Geschenkeinkäufen. Staatsanwalt Wolfgang Schmid informierte pflichtgemäß sofort den leitenden Oberstaatsanwalt, der wiederum das Stuttgarter Staatsministerium und den Ministerpräsidenten. Schon vor Weihnachten wußte man in der Villa Reitzenstein, was der Reporter recherchiert hatte.

Am 27. Dezember 1990 fand dann die Aufnahme eines merkwürdigen Rundfunkinterviews bei der Stuttgarter Staatsanwaltschaft statt. Fast jede Frage des Reporters begann mit den Worten: »Herr Schmid, bestätigen Sie, daß . . . «. Und Staatsanwalt Schmid bestätigte.

Schmid bestätigte, daß es die Reise so gegeben hatte; er mußte bestätigen, daß mit gefälschten Rechnungen der »Contactair« operiert worden war und daß es deutliche Parallelen zur Abrechnung der Mallorca-Reisen von Helmut Lohr gab. Der Staatsanwalt bestätigte die Kosten von insgesamt 90 000 DM und daß dieser Betrag bei der SEL als Betriebsausgabe steuerlich abgesetzt worden war.

Blieb die Frage, weshalb sich diese Griechenland-Reise nicht in der Anklage der Staatsanwaltschaft im Lohr-Prozeß wiederfand? Das Strickmuster selbst kannte die Öffentlichkeit aus dem Komplex Ferienhaus Mallorca.

Wolfgang Schmid betrachtete damals den billigen Traumurlaub des baden-württembergischen Ministerpräsidenten nüchtern-juristisch. Schmid sagte wörtlich: »Dieser Komplex ist von der Staatsanwaltschaft nach Paragraph 154 a behandelt worden. Die Staatsanwaltschaft hat das Verfahren beschränkt. In diesem Verfahren wurden eine ganze Reihe von Sachverhalten ausgeschieden, wie dies in jedem größeren Wirtschaftsstrafverfahren geschieht, um das Verfahren überhaupt sinnvoll durchzuführen.«

Im Fall der Griechenland-Reise ging die Staatsanwaltschaft von einer gewissen Betriebsbezogenheit aus. Die Reise mußte also nach Auffassung der Staatsanwaltschaft im betrieblichen Interesse von »Standart Elektrik Lorenz« stattgefunden haben. Es sei damit fraglich gewesen, ob überhaupt eine Straftat vorliege.

Die Staatsanwaltsschaft lieferte auch deshalb eine zweifelhafte Erklärung, weil sie mit wechselnden Argumenten arbeitete: Einmal hieß es in den folgenden Tagen, man habe den Ägäis-Komplex aus Gründen der Prozeßökonomie aus dem Verfahren gegen Helmut Lohr herausgenommen; das heißt, neben dem dicken Anklagebrocken würde Griechenland '84 und '86 nicht sonderlich ins Gewicht fallen.

Zum anderen argumentierte die Staatsanwaltschaft mit der sogenannten Betriebsbezogenheit; wäre die maßgebend, dann läge in der Tat gar keine Straftat vor. Und zum dritten schob der leitende Oberstaatsanwalt Dieter Jung eine gewagte Interpretation des Einkommensteuergesetzes hinterher, daß Yachtreisen als betriebsbezogene Aufwendungen doch anerkannt werden könnten, obwohl dies dort ausdrücklich ausgeschlossen wird.

Der Eiertanz, den die Staatsanwaltschaft aufführte, brachte zusätzliche Brisanz in die Traumschiff-Affäre hinein.

Tatsächlich schien der SEL-Urlaub bei Späth 1986 Folgen gezeigt zu haben; noch von griechischer Sonne gebräunt, eilte Späth in die Universität Heidelberg, wo er neue Leitlinien für die künftige baden-württembergische Technologiepolitik ausgab. Während er zuvor immer für den Technologietransfer zwischen Staat und Wirtschaft eingetreten war, redete er jetzt von einer verstärkten Grundlagenforschung durch die Unternehmen mit staatlicher Hilfe, um der japanischen Herausforderung begegnen zu können.

Entschieden verneinte Staatsanwalt Schmid kurz vor Silvester 1990 bei der Interviewaufzeichnung die Frage, ob es eine Weisung gegeben habe, diese Angelegenheit nicht weiter auszubreiten und aus der Anklage gegen Franziska und Helmut Lohr herauszuhalten: »Es gab keinerlei solcher Weisungen.«

Auf diese Feststellung legte dann auch das Stuttgarter Staatsministerium wert, als es vom Reporter mit dem Ergebnis der Recherche konfrontiert wurde; die Ermittlungsakten »Griechenland-Urlaub« seien ohne Einfluß des Justizministeriums aus der Anklageschrift herausgehalten worden. »Der Justizminister hat nie Einfluß bei der Staatsanwaltschaft ausgeübt«, sagte ein Ministeriumssprecher.

Klar war schon in den Tagen kurz vor dem Jahreswechsel, daß die Griechenland-Reise der Familien Lohr und Späth in der nächsten Zeit eine größere Rolle spielen würde. Klar war damals auch, daß die baden-württembergische SPD diese Reise auf ihre vermeintliche Hitliste von Verfehlungen nehmen würde; der Fall Imhausen, der Fall Niefer, die Parteispenden-Prozesse, der Fall Manz, das alles stand im Blickfeld, und man konnte von seiten der SPD-Landtagsfraktion schon andeutungsweise hören, daß es bald einen Untersuchungsausschuß geben werde, der die Unabhängigkeit von Staatsanwälten prüfen solle.

Schnellschuß

Fast wäre der Reporter überholt worden. Natürlich hatte er versucht, leise zu recherchieren. Am Freitag nach Weihnachten wollte der Reporter die Story produzieren. In aller Ruhe. Gleich nach Neujahr sollte sie dann veröffentlicht werden.

An diesem Freitagnachmittg besuchte der Reporter die Kollegen der »Südwest-Presse« und der »Badischen Zeitung« in der Stadtmitte Stuttgarts. Die Korrespondenten haben ihre Büros im sogenannten Tagblatt-Turm, im dem früher die »Stuttgarter Zeitung« ihre Redaktionsräume hatte.

Die schreibenden Kollegen waren nicht so gelassen, wie das sonst zwischen Weihnachten und Neujahr üblich ist. Der Chefredakteur der »Südwest-Presse« in Ulm, Ulrich Wildermuth, ein schwäbisches Vollblut, hatte seine Korrespondenten in Stuttgart angetrieben. Er war vor Weihnachten in Bonn gewesen, und weil Wildermuth nicht lange Nächte in Journalistenkneipen absitzen muß, um etwas zu erfahren, hatte er ein einsames, heißes Gerücht mitbekommen: Es laufe etwas »Granatenmäßiges« gegen Lothar Späth. Wildermuth: Seine Leute in Stuttgart sollten gefälligst herausbekommen, was los sei.

Aus dem Archiv der »Südwest-Presse« wollte der Reporter ausgerechnet in dieser Situation Ausdrucke von einem Späth-Interview zu seiner geänderten Katalysatorenpolitik aus dem Jahre 1984. Dieses Interview hatte damals eine Landtagsdebatte ausgelöst.

Die Zeitungskollegen beschwatzten und folterten den Reporter so lange, bis dieser unter verschiedensten Auflagen und Rückversicherungen die Traumschiff-Recherche preisgab.

Der Reporter hatte dabei kein gutes Gefühl. Die Kollegin der »Südwest-Presse« hatte es nämlich einmal fertiggebracht, ihm aus einer weinlaunigen Andeutung heraus eine ganze Titelgeschichte wegzuschnappen; er wiederum konnte die Geschichte damals dann nicht einmal zeitgleich mit der »Südwest-Presse« im Radio bringen. Es ging damals um die Gemäldesammlung des Barons von Thyssen, die angeblich nach Ludwigsburg kommen sollte. Der Reporter hatte schon eine vage Bestätigung des Ministerpräsidenten auf einem CDU-Fraktionsfest ergattert. – Aber wie es bei manchen Späth-Ankündigungen war, die eine oder andere hätte man auslassen können: Die Bilder kamen trotz aller journalistischen Aufregung nie nach Baden-Württemberg.

Daran mußte der Reporter im Tagblatt-Turm denken. Die Traumschiff-Story sollte erst am 2. Januar 1991 zum Start des neuen Landesprogramms laufen.

Seinen Hörfunkdirektor hatte der Reporter schon beim Weihnachtsessen mit dem Daimler-Benz-Vorstand vorgewarnt. Der aber wollte nur wissen, ob Späth die Geschichte politisch überstehe oder nicht. Der Reporter wollte nur von einer »größeren Delle« sprechen.

Der alarmierte Chefredakteur in Ulm traf an diesem späten Nachmittag eine Eilentscheidung. Er wollte keine Kurzfassung oder Pressemeldung, sondern einen ausführlichen Text für die dritte Seite mit allen Hintergründen. – Es wurde alles geplant für den 2. Januar 1991. Zeitgleich sollten Rundfunk und »Südwest-Presse« mit der Geschichte kommen; als Schlagzeile wurde vereinbart: »Warum der Name Lothar Späth nicht fiel – Obwohl der Landeschef auf SEL-Kosten mit Lohr Urlaub machte, wird er aus dem Prozeß herausgehalten.«

Ulrich Wildermuth sprach eines seiner seltenen Komplimente aus: »Ein starkes Stück Prosa.«

CDU-Leute sprachen von einer eiskalt geplanten Medienlawine, die niemand überleben konnte, mit all den Artikeln in den baden-württembergischen Blättern; dazu der »SPIEGEL« und »Die Zeit«. Tatsächlich aber war die Traumschiff-Affäre von Wildermuth völlig richtig eingeordnet worden, aber es hätte sein können, daß dieselbe Geschichte in einer anderen

Zeit und in kleineren Portionen nicht eine solche Aufmerksamkeit erzielt und auch nicht diese Wirkung gehabt hätte.

Andere CDU-Leute waren sofort der Meinung, daß diese Geschichte Wirkung haben müßte. Der CDU-Landtagsabgeordnete und Biberacher Landrat Wilfried Steuer war im Auto unterwegs, als er die Späth-Lohr-Geschichte im Radio hörte. Oberschwäbisch knapp sagte er zu seinem Fahrer: »Des isch's End' vom Späth«.

Es war längst dunkel an diesem 28. Dezember 1990, als alle Texte an der richtigen Stelle waren. Zur Entspannung wollten die Journalisten noch zu einem Pressetreff der baden-württembergischen Toto-Lotto-Gesellschaft. Der CDU-Landtagsabgeordnete Peter Wetter hatte die Leitung der Spielgesellschaft mit Späths Hilfe übertragen bekommen.

»Ein Viertele Trollinger beim Wetter, und dann heim«, hieß die Planung. Unter der Tür im Tagblatt-Turm kam die Hiobsbotschaft – Anruf aus der Redaktion der »Südwest-Presse« in Ulm: »Über Ticker läuft eine Meldung von ›Reuters‹ über Späth-Lohr!« – Es bedurfte dreistündiger Arbeit, um alle Planungen zu ändern, die »Deutsche Presseagentur« zu alarmieren, die Radiomeldung zu plazieren, alles vorzuziehen. Dann war »Reuters«-Meldung überholt und vom Tisch.

Für den normalen Zeitungs- und Rundfunkkonsumenten ist es völlig gleichgültig, von wem eine Nachricht kommt. Wenn jedoch ein Reporter wochenlang an einer Geschichte arbeitet und eine Agentur, die sich mit dem Thema allenfalls peripher befaßt hatte, mit einer Meldung vorab herauskommt, dann kann man vielleicht verstehen, daß Reporter auch mal nervös werden.

Am nächsten Tg war die »Reuters«-Meldung in keiner Zeitung abgedruckt. Einzige genannte und zitierte Quelle war eine südwestdeutsche Rundfunkanstalt des öffentlichen Rechts. Hinterher gab es Gerüchte, wie die Nachrichten-Agentur »Reuters« am Freitag vor Silvester an die Information gekommen sein konnte. Sicher scheint zu sein, nicht über die Staatsanwaltschaft. Nachdem zwei Wochen später der Ministerpräsident seinen Rücktrittstermin vom Erscheinungstag des »SPIEGEL« abhängig machte, ist es auch vorstellbar, daß an dem Gerücht etwas dran ist, bei der »Reuters«-Meldung habe das Staatsministerium die Hand im Spiel gehabt, um Informationen zu portionieren und zu entschärfen.

Kurz bevor die Journalistenrunde den Tagblatt-Turm endlich verließ, tauchte zufällig der Pressesprecher der CDU-Landtagsfraktion, Hans-Georg Koch, auf. Er verstand die heile baden-württembergische Welt nicht mehr, als die Journalisten ihn mit »Herr Regierungssprecher« und »Herr Staatssekretär«, anredeten. Drei Wochen später war er Sprecher der Regierung Teufel.

Reichlich verspätet kam der Reporter zu der fröhlichen Toto-Lotto-Runde. Als der CDU-Abgeordnete Peter Wetter am Tisch die Geschichte des Reporters hörte, war er von einer »schlimmen Entwicklung« überzeugter als der Radiomann.

Ein journalistischer Beobachter, der die baden-württembergische Landespolitik jahrzehntelang begleitet hatte, machte am Tisch kein Hehl aus seiner Altersradikalität. Er zeigte unverhohlene Schadenfreude über Späths absehbare Schwierigkeiten. Es gab Journalisten, die unter Späth geradezu gelitten hatten und damit leben mußten.

Später am Abend gewann der Reporter zum erstenmal in seinem Leben einen Hauptgewinn. Beim Bingo für die Toto-Lotto-Gäste.

Post

Der Reporter bekam Post. Mit Briefstempel Sindelfingen meldete sich ein Dr. Manfred Wahl zu Wort, der von der Traumschiff-Affäre gar zu lyrischem Schaffen angeregt worden war:

> »Ich glaube, die Wellen verschlingen,
> am Ende Segler und Kahn;
> und das hat mit ihrem Singen
> die Lohr-e-SEL-ei getan.«

Dr. Manfred Wahl hielt es im Schreiben für angebracht, wenn sich der Ministerpräsident »im Namen aller rechtschaffenen Bürger unseres Muster-Ländles bei der englischen Königin dafür entschuldigen würde, daß er ihr einen Mann dieses Zuschnitts als Generalkonsul andienen zu müssen glaubte«.

Dr. Wahl stellte auch die Frage, ob dies gar das Aufkommen einer ganz neuen Art von Spendenpraxis sei, »gewissermaßen der dritten Art, ohne lästige Umwegfinanzierung, andernorts auch ›la direttissima‹ genannt?«

Die schwäbische Lohrelei

Liest Mann/Frau als Steuerzahler oder Kleinaktionär der SEL die Berichterstattung aus dem derzeit laufenden Strafverfahren gegen Herrn und Frau Lohr, so erkennt man mit wachsendem Erstaunen, zu welch wahrhaft bereichernden Ergebnissen ein balkanesischer Einfallsreichtum, gepaart mit nasser Forschheit, bei der Vermögensbildung in Arbeit-*geber*hand führen können, alles zu Lasten des Aktionärs und des Fiskus.

Zur Ehre aller schwäbischen Unternehmer und Manager steht zu hoffen, daß es sich im Fall Lohr – wenigstens in dieser Beziehung – um eine Ausnahmeerscheinung handelt. Deswegen wäre es auch angebracht, wenn sich unser Ministerpräsident im Namen aller rechtschaffenen Bürger unseres Muster-Ländles bei der englischen Königin dafür entschuldigen würde, daß er ihr einen Mann dieses Zuschnitts als Generalkonsul andienen zu müssen glaubte.

Denkt Mann/Frau an unsere Beamten, denen schon die Annahme eines einfachen Mahles wegen Bestechungsverdachts verwehrt ist, dann kommt Mann/Frau beim Lesen der jüngsten Meldungen vom gemeinsamen Segelurlaub der Familien Späth und Lohr – auf Spesenkonto SEL – zum Sinnieren, frei nach Heinrich Heine:

> Ich glaube, die Wellen verschlingen
> am Ende Segler und Kahn;
> und das hat mit ihrem Singen
> die Lohr-e-SEL-ei getan.

Oder erleben wir am Ende gar das Aufkommen einer ganz neuen Art von Spendenpraxis, gewissermaßen der dritten Art, ohne lästige Umwegfinanzierung, andernorts auch »La Direttissima« genannt?

Dr. Manfred P. Wahl
Sindelfingen

Leserbrief

Bei Dr. Manfred Wahl handelte es sich um niemand anderen als den früheren Vize-Präsidenten der »IBM Europe«, der ziemlich genau ein Jahr zuvor namentlich im Merkle-Parteispendenprozeß aufgetaucht war. Damals war im Prozeß bekannt geworden, daß sich der frühere CDU-Landesschatzmeister Hubertus Neuhaus brieflich bei Manfred Wahl beschwert hatte; über mangelndes Verständnis für Spendenzahlungen der »IBM« an die Christdemokraten. Neuhaus erinnerte in diesem Brief an Dr. Wahl, daß die »IBM« im Zusammenhang mit dem Verkauf von Computern an das Land Baden-Württemberg und mit dem Erwerb von Baugrundstücken auch Wünsche habe.

Der frühere »Bosch«-Chef Hans Merkle hatte ein Jahr zuvor diesen Vorgang im Gerichtssaal so kommentiert, daß hier massiver Druck von seiten der CDU ausgeübt worden sei.

Golden Odyssee

Die Veröffentlichung der Traumschiff-Affäre hatte in Baden-Württemberg für große Aufregung gesorgt. Bundesweit war die Story angesichts der sich zuspitzenden Golfkrise eher eine Randnotiz.

Dafür reagierte die Opposition im baden-württembergischen Landtag. Der SPD-Fraktionsvorsitzende Dieter Spöri äußerte sich als erster. Er forderte schonungslose Aufklärung der Traumschiff-Affäre, falls der Bericht des Reporters in den entscheidenden Passagen zutreffe; ein Untersuchungsausschuß zum Verhalten der Staatsanwaltschaft scheine unumgänglich.

Rezzo Schlauch, Fraktionsvorsitzender bei den Grünen, forderte umgehend die Aufklärung einer Kette dubioser Entscheidungen der baden-württembergischen Staatsanwaltschaften und einen Untersuchungsausschuß. Schlauch sprach von einem Tiefpunkt in der Rechtskultur des Landes.

Der stellvertretende Regierungssprecher Hartmut Reichl erklärte auf Anfrage der »Deutschen Presseagentur«, es handele sich bei den Berichten über die Traumschiff-Affäre um einen »kläglichen Versuch, die Person des Ministerpräsidenten mit dem Strafverfahren gegen Helmut Lohr in Verbindung zu bringen«.

Lothar Späth machte indessen Urlaub. Traditionell verweilte der baden-württembergische Ministerpräsident zwischen den

Feiertagen auf dem komfortablen Jägerhof seines Unternehmerfreundes Helmut Aurenz bei Isny im Allgäu. Es war der Tod seines Freundes Rudolf Kunz, eines Industriellen, der Späth diesmal veranlaßte, den Jägerhof vorzeitig zu verlassen.

Auch in Stuttgart aber war von Lothar Späth persönlich zur Traumschiff-Affäre zunächst nichts zu hören. Neue Rechercheergebnisse gab es nicht, Silvester und nach Neujahr wurde die Traumschiff-Affäre in den baden-württembergischen Medien gewendet und gedreht, aber auch schon kommentiert und bewertet.

In dieser Zeit suchte der Reporter das Transportmittel, das der Affäre den Namen gab. Ein Tip und eine Telefonnummer kamen aus der Stuttgarter Seglerszene. Dort solle man anrufen, der Mann kenne alles, was durch die Ägäis und durch die Kykladen schippere.

Der Schiffs- und Jachtagent Costas Xideas in Athen meldet sich gleich mit stark akzentuiertem Englisch. Er ist ein freundlicher Grieche, aus dessen Stimmbändern filterlose Zigaretten und Ouzo sprechen. Er sagt zu, sich in zwei Stunden wieder telefonisch aus Griechenland zu melden; einziger Hinweis, den man ihm mit auf den Weg geben kann: der Name der Jacht – »Something Cool«.

Costas ruft nach einer Stunde wieder an. »Something Cool« heißt inzwischen nicht mehr »Something Cool«, sondern »Golden Odyssee« und liegt im Hafen von Piräus. Costas erklärt zu aller Überraschung, daß es sich um eine Motorjacht handelt und nicht um ein Segelschiff; er erklärt, daß »Golden Odyssee« mit Sicherheit eine der luxuriösesten Jachten von ganz Griechenland sei, und er braucht einige Zeit, bis er die Schiffslänge von 86 Fuß in ungefähr 26 Meter umgerechnet hat.

Costas verspricht an diesem 3. Januar 1991, ein Prospekt von »Golden Odyssee« zu schicken. Bis Jahresende 1991 ist die Sendung noch nicht eingetroffen. Wer nicht mal weiß, daß es sich bei »Golden Odyssee« um eine Motorjacht handelt und nicht um einen Segler, mit dem ist scheinbar kein Geschäft zu machen.

Ein Segeltörn mit einer Motorjacht, das konnte nicht sein. Weitere Recherchen lieferten die Erklärung: Schon 1984 hatte es eine Ägäis-Reise der Familien Lohr und Späth gegeben, damals auf einem Segelschiff; 1986 sollte die Reise wiederholt werden; als der Segler schon ausgebucht war, charterte Lohr für die '86er Reise die Motorjacht.

Die billigen Traumreisen

Weißes Traumschiff *Eine Woche durfte sich Baden-Württembergs Ministerpräsident Späth mit Familie auf Einladung des Top-Managers Helmut Lohr auf dem Schiffvergnügen. Der Luxus-Urlaub kostete Späth nichts*

aus: »BILD am Sonntag«, 6. Januar 1991

50

Wie sich später herausstellte, war die erste griechische See-
fahrt nur unwesentlich billiger: 70 000 DM hatte der Segeltörn
gekostet, der Traumschiffurlaub 90 000 DM. 160 000 DM wurden über fingierte Flugrechnungen der »Contactair« als Kon-
fektions-Dienstreisen verrechnet. Kalimera.

Vorteil

Kurz nach Neujahr meldete sich beim Reporter ein weiterer In-
formant: Der baden-württembergische Ministerpräsident habe
nicht nur 1986 eine Einladung von SEL-Chef Lohr angenommen, eine ähnliche Reise habe es schon im Jahr 1984 gegeben,
die auch von der SEL bezahlt worden sei. Der stellvertretende
Regierungssprecher Hartmut Reichl wollte dem Reporter keine
Stellung dazu geben, kündigte aber an, der Ministerpräsident
werde »Anfang nächster Woche« zu den Vorwürfen in einer
Pressekonferenz Stellung nehmen.

Verheerend sei der Eindruck, den die Traumschiff-Affäre
hervorrufe, so kommentierten einige Zeitungen Anfang des
Jahres. Tatsächlich schien die Recherche das zu bestätigen, was
der Normalmensch schon immer vermutet hat: Die Großen
halten zusammen, bezahlen müssen Steuerzahler und die
Unternehmen, die Strafverfolgungsbehörden schauen diskret
zur Seite.

Mit der Traumschiff-Affäre hatte man tatsächlich einen hab-
hafteren Fall erwischt. Doch der Tübinger Rechtsprofessor
Ulrich Weber zweifelte, ob er auch strafrechtlich faßbar sein
werde. Immerhin thematisierte Weber erstmals die Tatbe-
stände Bestechung, Bestechlichkeit und Vorteilsannahme. Hatten Lohr und Späth gemeinsam eine Straftat begangen? Kurz
nach Veröffentlichung der Recherche wertete der Professor die
Traumschiff-Affäre: Ein Segeltörn in der Ägäis für 90 000 DM
ist nach Auffassung des Rechtswissenschaftlers ein »Vorteil«.

Solange aber Lothar Späth als Ministerpräsident keine konkrete Diensthandlung zum Vorteil der SEL nachgewiesen werden könne, die im Zusammenhang mit der Einladung durch
den Ex-SEL-Chef Lohr stehe, sei der Straftatbestand der
Bestechlichkeit nicht gegeben.

Erst wenn es eine »Unrechtsvereinbarung« hinsichtlich der
Reise gebe, mache sich der Ministerpräsident strafbar. Dies
aber nachzuweisen sei um so schwieriger, je höher die Stellung

gehend Amelung, Die Einwilligung in die Beeinträchtigung eines Grundrechtsgutes, 1981, S 63, 70, alle mwN).

§ 331 Vorteilsannahme

(1) Ein Amtsträger oder ein für den öffentlichen Dienst besonders Verpflichteter, der einen Vorteil als Gegenleistung dafür fordert, sich versprechen läßt oder annimmt, daß er eine Diensthandlung vorgenommen hat oder künftig vornehme, wird mit Freiheitsstrafe bis zu zwei Jahren oder mit Geldstrafe bestraft, |

(2) Ein Richter oder Schiedsrichter, der einen Vorteil als Gegenleistung dafür fordert, sich versprechen läßt oder annimmt, daß er eine richterliche Handlung vorgenommen hat oder künftig vornehme, wird mit Freiheitsstrafe bis zu drei Jahren oder mit Geldstrafe bestraft. Der Versuch ist strafbar.

(3) Die Tat ist nicht nach Absatz 1 strafbar, wenn der Täter einen nicht von ihm geforderten Vorteil sich versprechen läßt oder annimmt und die zuständige Behörde im Rahmen ihrer Befugnisse die Annahme vorher genehmigt hat oder der Täter unverzüglich bei ihr Anzeige erstattet und sie die Annahme genehmigt.

1. Den Tatbeständen gegen Bestechlichkeit und Bestechung (§§ 331–335a) liegt ein komplexes Rechtsgut zugrunde (str). Geschützt ist das Vertrauen in die Unkäuflichkeit von Trägern staatlicher Funktionen und damit zugleich in die Sachlichkeit staatlicher Entscheidungen (BGHSt 15, 88, 96; Jescheck LK 17 vor § 331; str), allerdings nicht um seiner selbst willen, sondern um sicherzustellen, daß die Verfälschung des Staatswillens verhütet, die Lauterkeit der Amtsausübung gewährleistet und die Autorität staatlichen Handelns nicht erschüttert wird. Eine Reduzierung des Strafgrundes auf den einen oder anderen dieser Zwecke würde eine widerspruchsfreie Erklärung der neuen Regelung in Frage stellen (zum Rechtsgut BT-Dr 7/550 S 269; Dornseifer JZ 73, 267, 269; Loos, Welzel-FS, S 879; Sturm JZ 75, 6, 13; Dölling JuS 81, 570, 572; Geerds JR 81, 301; Amelung, Dünnebier-FS, S 487, 505; Schönherr, Vorteilsgewährung und Bestechung als Wirtschaftsstraftaten, 1985, S 23, 286, alle mwN).

2. Täter nach Abs 1 kann nur ein Amtsträger (3 zu § 11; s auch § 48 I WStG) oder ein für den öffentlichen Dienst besonders Verpflichteter (5 zu § 11) sein, Täter nach Abs 2 nur ein

1345

Auszug aus dem Gesetz über »Vorteilsnahme«

des Amtsträgers werde. Der Rechtsprofessor fügte hinzu, daß Vorteilsgewährung bei Kontakten mit der Wirtschaft nicht generell verwerflich sei. Je umfangreicher diese Zuwendungen würden, desto größer sei aber die Gefahr, daß in der Bevölkerung der Eindruck entstehe, der Politiker sei abhängig.

»Nicht alles, was politisch unmoralisch ist, wird auch vom Strafrecht erfaßt«, erklärte der Rechtswissenschaftler im Radio. Die Frage, ob in Baden-Württemberg durch den Ministerpräsidenten gegen Strafrecht verstoßen wurde, muß die Staatsanwaltschaft prüfen.

Wie bekannt wurde, stattete SEL die Landesverwaltung mit Telefax-Geräten aus; der »SPIEGEL« behauptet, »ohne Ausschreibung« und »auf Weisung von Späths Staatsministerium«. Hinzu kommt ein weiterer Vorgang, bei dem die Aktiengesellschaft Landesmittel für ein Joint-venture erhielt; für Sprachkurse von ungarischen Arbeitnehmern, die für die SEL-Partnerfirma »Skala Coop« in Budapest arbeiteten.

Daß sich Späth nach seiner Griechenland-Rückkehr 1986 für eine verstärkte Grundlagenforschung aussprach und daß dies im Interesse der SEL war, war seit dem ersten Bericht der Traumschiff-Affäre bekannt. Zusammenhänge mit der Liaison Späth/Lohr wären rein zufällig.

Heiterkeit rief kurz nach Bekanntwerden der Traumschiff-Affäre ein telefonischer Hinweis auf das Einkommensteuergesetz hervor. Den Paragraphen 4 solle man sich anschauen; dort wird der Gewinnbegriff definiert, und dort wird ausdrücklich festgelegt, welche Ausgaben den Gewinn mindern dürfen, und welche nicht. Mit anderen Worten: Was kann steuerlich abgesetzt werden, und was nicht?

Die Staatsanwaltschaft hatte argumentiert, daß die Ägäis-Reisen eine gewisse Betriebsbezogenheit gehabt hätten, also im Interesse der SEL gewesen seien und somit steuerlich hätten geltend gemacht werden können.

Im Paragraph 4, Absatz 5 werden Betriebsausgaben aufgeführt, die den Gewinn eines Unternehmens nicht mindern dürfen, also nicht abgesetzt werden dürfen: »Aufwendungen für Jagd oder Fischerei, für Segeljachten oder Motorjachten sowie für ähnliche Zwecke und für die hiermit zusammenhängenden Bewirtungen.«

Diejenigen, die das Einkommensteuergesetz formuliert haben, hatten eine sehr realistische Vorstellung, was alles versucht wird.

Falsche Veranstaltung

Irgendwann ist man ganz froh, wenn man merkt, daß man nicht allein auf weiter Flur steht. Der Reporter sollte eigentlich auch in diesem Jahr vom Dreikönigsparteitag der FDP in Stuttgart berichten, ahnte aber schon bald, daß er vermutlich auf der falschen Veranstaltung war.

Die FDP forderte auf ihrem traditionellen Landesparteitag vor der Dreikönigskundgebung ebenfalls die schonungslose Aufdeckung der Traumschiff-Affäre. Der FDP-Fraktionsvorsitzende im Stuttgarter Landtag, Walter Döring, bezeichnete die Vorgänge als »peinlich und instinktlos« und kündigte an »nachzubohren«.

Gerüchte gingen um, die besagten, der »SPIEGEL« sei in die Traumschiff-Affäre eingestiegen und erscheine am kommenden Montag mit einer großen Späth-Geschichte.

Der »SPIEGEL« langte hin. Kernaussage: »Der Mann verstand zu nehmen, was zu kriegen war.« Das war vernichtend für Lothar Späth, der »SPIEGEL« hatte neue Fakten.

SEL-finanzierte Reiterferien für die Späth-Tochter auf dem Fohlenhof im österreichischen Ebbs, eine SEL-finanzierte DDR-Reise des Ministerpräsidenten zusammen mit seinem Sohn und weitere Details aus dem Ägäis-Komplex: 40 000 DM für den Jet, 50 000 DM für die Jacht, und der Stuttgarter Hospitalchef Ferdinand Eisenberger war als Bordarzt für die »Something Cool« verpflichtet worden.

Das Nachrichtenmagazin stärkte auch einen Bericht des Reporters, dem ein Mitarbeiter aus dem Stuttgarter Staatsministerium erklärt hatte, er sei bei Dienstreisen, bei denen er Späth begleitet habe, bisher nur »in Daimler-Flugzeugen gesessen«. Der »SPIEGEL«: 30 Auslandsreisen habe Vielflieger Späth im letzten Jahr absolviert; Späth habe bei der Verwirklichung seiner Reisepläne die Dienste der heimischen Industrie mit allzu großer Selbstverständlichkeit in Anspruch genommen. Ein knappes Dutzend Firmen, darunter Daimler-Benz, »Bosch«, SEL, »Blendax« (Zahnpasta) und einige mittelständische Unternehmen, wie »Amann-Garne« stellten ihm Hubschrauber oder Flugzeug zur Verfügung.

Die Hamburger Rechercheure jubelten: »Späth kam bislang so leicht an Privatjets wie andere an ein Taxi.«

Wenn man dem Bericht glaubte, mußte der Ministerpräsident nur anrufen. Der Chef brauche eine Maschine, das habe genügt, um namhafte baden-württembergische Firmen in Reisebüro-Funktion für den Landesvater treten zu lassen.

Tatsächlich hatte es im Gerichtssaal bei Lohr eine Szene gegeben, bei der sich der Vorsitzende Richter nach einem Köln-Flug des SEL-Chefs erkundigt hatte; Helmut Lohr saß zum Zeitpunkt dieses Fluges jedoch nachweislich am Schreibtisch in seinem Vorstandsbüro. Erst viel später stellte sich durch die Arbeit des Untersuchungsausschusses im baden-württembergischen Landtag heraus, wer tatsächlich geflogen war: Lothar Späth.

Der »SPIEGEL« nannte noch andere Späth-Reisen zusammen mit Helmut Lohr. 1986 mit baden-württembergischen Unternehmern nach Indonesien. Nur für Gönner Lohr habe Späth zum Ärger der übrigen Reiseteilnehmer den Türöffner gespielt. Lohr freilich nutzte die Chance, um den Auftrag zum Bau eines digitalen Telefonsystems zu erhalten.

Mit dem Begriff des »Türöffners« hatte schon die Stuttgarter Staatsanwaltschaft den Ministerpräsidenten in gefährliche Gewässer gebracht. Die steuerrechtlich höchst problematische Privatreise sollte damit zur betriebsbezogenen, steuerlich abzugsfähigen Veranstaltung umgewandelt werden. Allerdings mit der Folge, daß die Bestimmungen des Strafgesetzbuches mit den Begriffen der Vorteilsannahme, Bestechung und Bestechlichkeit in gefährliche Nähe rückten.

Auch auf den Philippinen war dem Bericht zufolge das Duo Lohr/Späth erfolgreich gewesen. Im Endergebnis habe Lohr einen Großauftrag für Telefonanlagen mit nach Stuttgart gebracht.

Was das Staatsministerium entgegenzusetzen hatte, war schwach. Zu den Firmenflügen erklärte der stellvertretende Regierungssprecher Hartmut Reichl: »Der Ministerpräsident nimmt das mit Selbstverständlichkeit von Zeit zu Zeit in Anspruch.« Und zur Liaison Lohr/Späth: Es sei doch »ganz normal, daß befreundete Familien sich einladen, ob zum Kaffee oder sonst was«.

Bebildert war der Bericht aussagekräftig: Späth mit Späth-Marionette, die Maschine der »Contactair«, die für 40 000 DM die Urlauber in die Ägäis und zurück gebracht hatte, Helmut und Franziska Lohr freudestrahlend auf dem Weg aus dem Gerichtsgebäude, Späth mit Sternefreund Niefer.

Das Hamburger Nachrichtenmagazin war die Aufdeckung dieser Späthschen Reisegepflogenheiten denn auch gleich Erklärung für geschichtsträchtiges Verhalten. Dafür, daß Späth gekniffen hatte, als es darum ging, offen gegen den Parteifreund, Kanzler Helmut Kohl, anzutreten: »Die vielen Geschichten, die sich um Lothar Späth ranken, sind vielleicht auch der Grund, warum 1989 der parteiinterne Aufstand gegen den Kanzler mißlang. Der Schwabe verlor damit an Ansehen, er schaffte es nicht einmal mehr zu einem Sitz im CDU-Präsidium. – Der Landesfürst, das räumen sogar einige seiner Freunde ein, habe nicht den Rücken freigehabt, um voll in den Angriff gehen zu können.«

Auch die alte »SÜBA«-Geschichte spielte im »SPIEGEL« 2/91 eine Rolle. Die Reisegemeinschaft Schlampp/Späth, die sich überall auf der Welt etwas zu erzählen hatte, sichtete der »SPIEGEL« in Brasilien, Thailand, auf den Seychellen oder den Philippinen.

Der Baulöwe aus Nordbaden war im Mai 1989 vor dem Landgericht Mannheim wegen versuchten Betruges und wegen Beihilfe zur Bestechung zu einer Freiheitsstrafe von zwei Jahren auf Bewährung und einer Geldbuße von drei Millionen Mark verurteilt worden. – Schlampp soll sich durch seine politischen Verbindungen ein stattliches Staatsdarlehen besorgt haben; als Zeuge vor Gericht hatte Baden-Württembergs Ministerpräsident erklärt, er habe für den Darlehensantrag der »SÜBA« eine wohlwollende Prüfung veranlaßt.

»Ein von SPD, FDP und Grünen geforderter Untersuchungsausschuß soll klären, ob die Staatsanwaltschaft den Ministerpräsidenten geschont hat – im Verfahren um die Parteispenden und im Fall Lohr«, schrieben die Hamburger am Ende.

An diesem Abend verlangte der SPD-Fraktionsvorsitzende im Stuttgarter Landtag, es müsse geklärt werden, wer auf politischer Ebene darüber informiert gewesen sei, daß die Staatsanwaltschaft in »rechtswidriger Weise auch die neu bekannt gewordenen Vorgänge, die den Ministerpräsidenten betrafen, aus der Anklage Lohr ausgeklammert hat«.

Dann sei zu fragen, von wann an Späth Kenntnis haben mußte, daß Lohr die Reisekosten als Betriebsausgaben abgesetzt habe. Außerdem wollte Spöri wissen, inwieweit die Inanspruchnahme von Firmenjets die dienstliche Unabhängigkeit von Späth beeinträchtigt und Regierungsentscheidungen beeinflußt habe.

Der Fraktionschef der Grünen, Rezzo Schlauch, sagte am 5. Januar 1991, die jetzt bekannt gewordenen Fälle ungewöhnlicher Urlaubsfinanzierungen überschritten das übliche Maß: »Ein Ministerpräsident ist finanziell so gut gepolstert, daß er seine Familie ohne Probleme zur Erholung schicken kann, ohne auf die Reisekassen von Unternehmen angewiesen zu sein.«

SEL-Mann

Nie zuvor hatten sich so viele Journalisten zu einer Pressekonferenz der baden-württembergischen Landesregierung angekündigt. Lothar Späth wollte sich an diesem 7. Januar 1991 zum ersten Mal selber zur Traumschiff-Affäre äußern. Ein Dutzend Kamerateams suchte Platz in der Bibliothek der Villa Reitzenstein, dazu öffentlich-rechtliche und private Radiosender, Zeitungskorrespondenten und Nachrichtenagenturen.

Der Reporter hatte sich zeitig auf den Weg gemacht, um technische Fragen in Ruhe erledigen zu können. Eine Stunde vor Beginn der Rechtfertigungs-Pressekonferenz wartete der Reporter im Foyer des Staatsministeriums auf einen Kollegen.

Das Stuttgarter Staatsministerium wartete auch. Ministerialrat Erich Griesinger, der persönliche Mitarbeiter des Ministerpräsidenten, seines Zeichens als Verbindungsmann Späths zum Wahlkreis und zu Parteien und für Sonderaufgaben tätig, kam die Treppe mit dem roten Teppich herunter. Er ging auf den Reporter zu, den er nur vom Telefon her kannte, und fragte: »Sind Sie der Mann von SEL?«

Der Reporter mußte leider verneinen. Im Verlauf der Pressekonferenz ist klar geworden, was der SEL-Mann bringen sollte: eine Auflistung aller Späth-Reisekosten, die die SEL bezahlt hatte.

Spektakulär wie immer wollte Späth auch in dieser Situation bleiben. Ein Scheck, mit dem sämtliche SEL-finanzierte Reisen zurückgezahlt wurden, unter den Augen von mehr als hundert Journalisten ausgeschrieben, das sollte der große Befreiungsschlag werden. So konnte man nach Auffassung Späths Eindruck schinden; nicht mehr von Reisen hätte man gespro-

Lothar Späth nimmt vor der Presse zur »Traumschiff-Affäre« Stellung
(7. Januar 1991)

chen, sondern von der konsequenten und rigorosen Art, wie Späth bei sich selber aufgeräumt hatte.

Der Mann von SEL kam nicht. Lothar Späth machte statt dessen ein nicht so wirkungsvolles, aber dennoch aufsehenerregendes Versprechen:»Ich hab den Vorstand der SEL brieflich aufgefordert, mir alle Kosten zu geben, die irgendwie für mich und meine Familie abgerechnet sind«, erklärte der Ministerpräsident, »und die werde ich selbstverständlich bezahlen. Ich sag gar nicht, daß mir das leicht fällt, weil das für mich ein Betrag ist, den ich mir nie leisten würde.«

Das machte auf viele Journalisten Eindruck an diesem 7. Januar 1991; daß bis Herbst des Jahres 1991 noch immer nichts zurückbezahlt war, das sei in aller Deutlichkeit erwähnt.

Lothar Späth kam bei seiner Rechtfertigungs-Pressekonferenz auf Touren. Im Rahmen der Ouvertüre erzählte er von der Freundschaft der Familien. Von seinem früheren Freund Helmut Lohr sah sich der Ministerpräsident in eine »üble Sache hineingezogen«, Späth sprach von der »größten persönlichen Enttäuschung meines Lebens, was Freundschaften anbetrifft«. Lothar Späth bestätigte die Teile der Traumschiff-Affäre, und erklärte, wie die Reisen zustande gekommen waren.

1983 hatten die Lohrs die Späths nach Athen eingeladen, dort habe bei einem Ausflug die Diskussion begonnen, wie schön es wäre, eine Schiffsreise in der Ägäis zu machen. Wenige Monate später kamen auf Einladung Lohrs die Späths mit an Bord. Weil's so schön war, sollte das Ganze zwei Jahre später, 1986, wiederholt werden. Weil keine geeignete Segeljacht zu kriegen war, charterte der SEL-Chef für den zweiten Törn das Luxus-Motorschiff »Something Cool«.

Lothar Späth zog alle Register, um abzulenken. Er scheute nicht davor zurück, private Korrespondenz zu verlesen: »Lieber Lothar, ganz herzlichen Dank für Deine guten Wünsche zum Geburtstag, ich habe mich sehr gefreut, daß Du trotz Deiner vielfältigen Belastungen an diesen Tag gedacht hast. Da ich mein Bandscheibenproblem ja nun fast vollständig überwunden habe und der restliche Heilungsverlauf außerordentlich gute Fortschritte macht, kann ich mit Zuversicht das neue Lebensjahr beginnen. Der gemeinsame Aufenthalt in Griechenland wird mir sicher auch noch dazu gut tun. Franziska und ich freuen uns sehr auf die Tage mit Euch in griechischen Gewässern. Mit noch einmal sehr herzlichem Dank und den

SEL

Standard Elektrik Lorenz Aktiengesellschaft
Büro der Unternehmensleitung

Staatsministerium Baden-Württemberg
z. H. Frau Reiter
Richard-Wagner-Straße 15

7000 Stuttgart 1

27. Januar 1988

Sehr geehrte Frau Reiter,

wie telefonisch avisiert teile ich Ihnen mit, daß sich die
zurechenbaren Gesamtkosten der Sommerreise vom Juli
letzten Jahres auf 5.470,29 DM belaufen.

Die von SEL in Anspruch genommenen Hotelboni sowie die
erfolgten Rückerstattungen für nicht in Anspruch genommene
Leistungen etc. sind dabei bereits in Abzug gebracht.

Zweckmäßigerweise sollte die genannte Summe per Barscheck
(zu meinen Händen) beglichen werden. Ich werde die
Einziehung des Betrages und die Verbuchung auf dem
entsprechenden Konto veranlassen und trage dafür Sorge,
daß der Vorgang auch korrekt zum Abschluß gebracht wird.

Den Scheck werden wir von einem unserer Fahrer im Rahmen
einer routinemäßigen Stadtfahrt abholen lassen. Bitte geben Sir mir kurz Bescheid, wann Sie so weit sind.

Vielen Dank für Ihre gute Zusammenarbeit.

Mit freundlichem Gruß

G.H. Jünemann

Postfach 40 07 49 · 7000 Stuttgart 40
Lorenzstrasse 10
Telefon (07 11) 8 21-0 · Telex 72 529-0 se d
Telefax (07 11) 8 21-95
Telegramm: stanor stuttgart

Sitz der Gesellschaft: Stuttgart   Amtsgericht Stuttgart HRB 4025
Vorsitzender des Aufsichtsrates: Johannes C. Welbergen
Vorstand: Dr. Helmut Lohr, Vorsitzender; Werner Brendel, Dr. Klaus Frische,
Dr. Reinhold Knott, Hans-Joachim v. Ludwig, Dr. Ludwig Orth,
Dr. Dietrich Sotard, Dr. Gerhard Zeidler

besten persönlichen Grüßen auch von Franziska und mit herzlichen Grüßen an Uschi. Dein Helmut.«

»So sieht für mich nicht die Einladung der SEL an den Ministerpräsidenten des Landes Baden-Württemberg zur Segeltour aus«, machte Lothar Späth Stimmung. Die Reiterferien der Tochter, auch das war für Lothar Späth eine rein private Angelegenheit – kein Gedanke für ihn, daß die SEL hätte bezahlt haben können.

Späth polemisierte, er sei schon auf größeren Schiffen gefahren als in der Ägäis; zum Beispiel an Bord der Jacht von Max Grundig, die sei mindestens dreimal so lang. »Wenn mich jetzt der Herr Grundig einlädt, den ich beschwätze 180 Millionen auf der Bühler Höhe zu investieren und der Stadt Baden-Baden fünf Millionen für das Theater zu spendieren, wenn der mich einlädt, soll ich den fragen, ob ich mich am Dieselkraftstoff beteiligen soll von seiner Jacht. Oder wie soll ich das machen?«, höhnte der Landesvater.

Im übrigen meinte der Ministerpräsident, die Welt von heute habe sich verändert; darauf müsse jedes Unternehmen reagieren. Zu dienstlichen Reisen mit Firmenjets sagte Späth, hier gebe es »gewisse Probleme, die ich sehr ernst nehme«; er sei bei seinem Terminplan allerdings darauf angewiesen. Vor zehn oder 15 Jahren habe man ein Land noch anders regieren können; auch solle man nicht so tun, als ob es eine baden-württembergische Spezialität wäre, daß ein Ministerpräsident mit Flugzeugen heimischer Firmen fliege. Auf Nachfrage erklärte der Ministerpräsident, daß er davon ausgehe, daß die Firmen die Kosten ordnungsgemäß steuerlich behandelt hätten.

Späth erklärte die Firmenflüge zum Allgemeinwissen und bemühte dazu drei Zeilen, die Heinz Steuber am 31. Januar 1981 in den Stuttgarter Nachrichten geschrieben hatte: »Nach Bonn fliegt Späth vor allem mit schnellen Privatmaschinen von Freunden oder den Jets großer Stuttgarter Unternehmen. Oft auch in Polizeihubschraubern.«

Dies sollte belegen, daß Firmenflüge des Baden-Württemberg-Chefs Allgemeingut im öffentlichen Bewußtsein waren. Um an diesen Zeitungsausschnitt aus dem Jahre 1981 zu kommen, so erfuhr der Reporter, war in der Pressestelle des Staatsministeriums tagelang gesucht worden.

Späth beschwerte sich über sein Einkommen als Ministerpräsident. Reicher sei er als Ministerpräsident nicht geworden.

Trotzdem müsse er als Ministerpräsident mit dem Arbeiter in der Kneipe ein Bier trinken können und auch um ein Bier wetten können, so wie er sich mit 100 000-, 200 000- und 300 000-Mark-»Einkommensleuten« unterhalten können müsse. Der Ministerpräsident habe auch mit Leuten zu reden, die zwei Millionen Jahreseinkommen hätten oder gar zehn oder 20 Millionen Mark.

Späth schilderte die Last, die er im Umgang mit den Großen zum Wohle des Landes auf sich genommen hatte. »Glauben Sie bloß nicht«, dozierte Späth, »daß mir die Kalbslenden mit Morchelrahmsoße mein Lieblingsessen geworden sind in den letzten 15 Jahren.« Späth suchte das Gegenbeispiel und Regierungssprecher Manfred Zach flüsterte Späth die »Kutteln« im Lokal »Kiste« zu, die Späth dann vorgab, privat lieber zu essen.

Lothar Späth redete eineinhalb Stunden lang wie ein Wasserfall. Er wußte, es ging diesmal um Kopf und Kragen. Er wußte, wenn er die Mehrheit der Journalisten würde überzeugen können, dann könnte es unter Umständen noch gutgehen. Deshalb ließ der baden-württembergische Ministerpräsident diesmal nichts aus.

Späth war den Tränen nahe. Mit gebrochener Stimme schwenkte er in die Schlußrunde ein. Diese Vorgänge, auch wenn man ihm dies nur beschränkt anmerke, hätten ihn persönlich unglaublich getroffen. An dieser Stelle ließ Lothar Späth seinen Gefühlen bewußt freien Lauf: »... und zwar haben die mich getroffen, weil meine Familie da reingezogen ist. Weil ich meinen Kindern erläutert hab, daß das zwar alles in Ordnung sei, aber das müsse man jetzt vor einem Untersuchungsausschuß im Landtag alles abhandeln.« – Späth wurde wieder fester. »Meine Frau hat dann gesagt, sag noch dazu, damit es alle wissen, unsere Bettbezüge seien zur Zeit dunkelrosa.«

»Der Späth läßt sich nicht kaufen, der Späth ist kein Playboy, der Späth ist nicht bestechlich«, gipfelte der Ministerpräsident und bemühte den amerikanischen Präsidenten Truman: Wenn einem die Küche zu heiß werde, dann müsse man halt aus der Küche gehen; er, Späth gehe nicht aus der Küche, aber er wolle, daß in dieser Küche fair gekocht werde, wenn es um Gerüchte gehe.

Viele meinten nach der Veranstaltung, dies sei ein Punktsieg für Lothar Späth gewesen. Unter dem unmittelbaren Eindruck der Rede Späths mag das auch richtig gewesen sein. In der Analyse aber und bei der Gegenüberstellung von Vorwürfen und Aussagen erwies sich diese Pressekonferenz als vernichtend für Späth.

Der Reporter vertrat in einem Kommentar die Meinung, Lothar Späth hätte heute zurücktreten sollen; es lag auf der Hand, daß sich nach dieser Pressekonferenz alle um den Stil der Amtsführung und um fremdfinanzierte Reisen des Ministerpräsidenten kümmern würden. Deshalb wagte der Reporter die Voraussage, daß neue Enthüllungen kommen würden. Die Affäre Späth sei noch lange nicht zu Ende. Dabei hatte es Lothar Späth selber in der Hand, mit einem sauberen Schnitt allen den Wind aus den Segeln zu nehmen.

Es dauerte nicht einmal 24 Stunden, nachdem dieser Kommentar gesprochen war, da war bewiesen, daß Lothar Späth die Öffentlichkeit hinters Licht geführt hatte, um sich selbst zu entlasten. Auf eine Art und Weise, die stark an ein ganz bestimmtes Ehrenwort erinnerte.

Jemand

Es gibt Informanten, bei denen verbietet es sich, den Namen zu nennen. In den ersten Tagen des Jahres 1991 erhielt der Reporter einen Anruf, und jemand sagte ihm: »Ich glaube, wir ziehen beide am selben Strang.« Der Reporter war verblüfft, daß dieser Mensch ihn anrief; wie auch immer, beide vereinbarten, sich am Tag nach Späths Rechtfertigungs-Pressekonferenz zu treffen. Im Haus von diesem Informanten.

Soviel war sicher: Er wußte sehr viel, denn er gehört zum Kreis der ganz Großen in Baden-Württemberg; und seine Person hatte die unmittelbare Nähe zu den Ereignissen.

Als der Reporter zum vereinbarten Zeitpunkt zum Wohnhaus des Informanten fuhr, erkannte er erst, wie geheim die Besprechung von der anderen Seite gehalten wurde. Als er vorfuhr, wurde er in die Garage gewunken; nachdem der Wagen des Reporters hineingefahren war, wurde das Tor elektrisch geschlossen. Die Begründung: Die Nachbarschaft sei neugierig.

Das Gespräch begann direkt und ohne Umschweife: ob der Reporter Bargeld wünsche oder ob ein einwöchiger Urlaub für zwei Personen im Süden angenehmer wäre.

bezahlt; es gab die Kopie eines Euroschecks, auf dem Späth den Betrag von 5 470,29 DM ausgestellt hatte; aber Lothar Späth wußte, daß dieses Geld bar an ihn zurückgeflossen war. Die Berater sollen dem Baden-Württemberg-Chef geraten haben, dies nicht zu sagen, den Scheck aber vorzuzeigen als

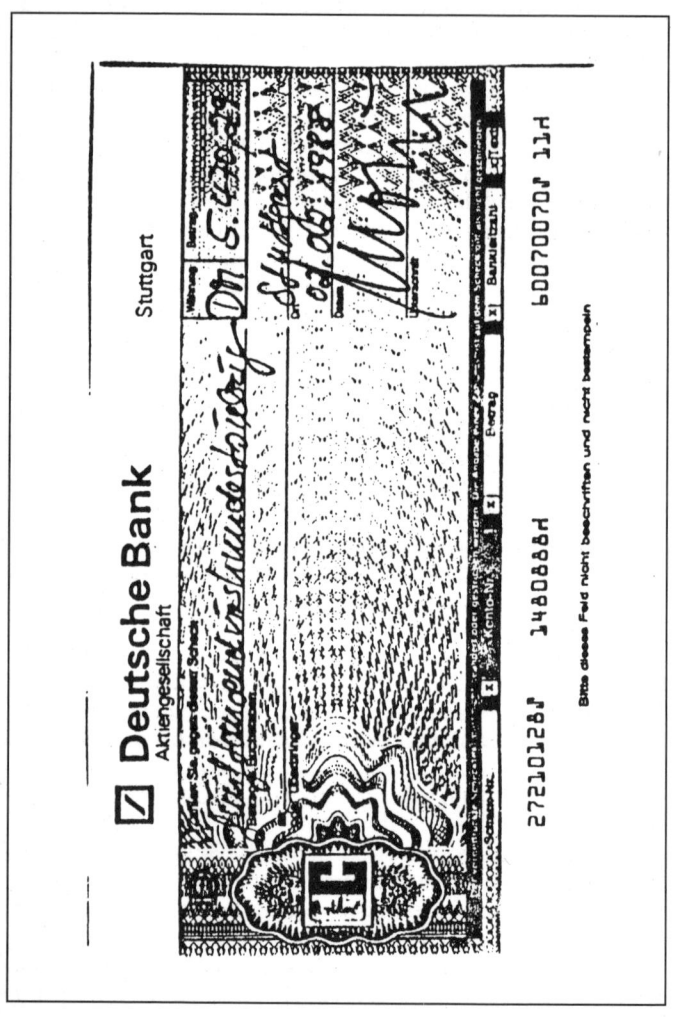

Beweis für die eigene Bezahlung. Nur einer will damit nicht einverstanden gewesen sein, aber der verhielt sich still.

So geschah es am nächsten Tag. Bei Lothar Späths berühmt gewordener Rechtfertigungs-Pressekonferenz vom 7. Januar 1991 erklärte er in der überfüllten Bibliothek im Stuttgarter Staatsministerium die Bezahlung der DDR-Reise vom Juli 1987.

Späth sprach im Stakkato. Manche behaupten von ihm, er könne Leute besoffen reden; das versuchte er diesmal. Späth ließ nichts aus. Eine gemeinsame Reise für die Familien Lohr und Späth hätte das werden sollen; die Lohrs seien verhindert gewesen; vier Späths hätten reisen wollen, »meine Frau ist krank geworden, war im Krankenhaus, den Krankenhausaufenthalt hat keine Firma bezahlt«.

Späth zitierte aus einem Brief des Büros der Unternehmensleitung von SEL, in dem ihm ein halbes Jahr nach der Reise ein Betrag von eben diesen 5 470,29 DM als Gesamtkosten genannt wird. Die SEL bittet in diesem Brief um einen Barscheck und betont eigenartigerweise, »daß der Vorgang auch korrekt zum Abschluß gebracht wird« (fragt sich der unbefangene Leser, weshalb man extra betonen muß, wenn etwas ordentlich erledigt wird?), dabei beläßt es Späth in seiner Pressekonferenz. Er hält die Kopie des Schecks in die Kameras. »Hier ist die Kopie, und hier ist der Scheck. Die Kopie vom Scheck.«

Tags darauf konfrontierte der Reporter den Regierungssprecher mit der Information, daß es Hinweise gebe, SEL-Chef Lohr habe dem Ministerpräsidenten den Betrag im Austausch mit dem Scheck bar zurückgegeben.

Es dauerte eine gute Stunde, bis sich Regierungssprecher Manfred Zach meldete und den Sachverhalt im wesentlichen so bestätigte. Allerdings, so erklärte Zach, habe Lohr Späth das Geld aufdrängen wollen, der Ministerpräsident habe sich geweigert, das Geld anzunehmen; Lohr sei hartnäckig geblieben und habe darauf bestanden, es sei ein »Hickhack« gewesen. »Also gut«, habe Späth irgendwann gesagt, »dann spenden wir's halt der Partei«.

Für den baden-württembergischen Ministerpräsidenten war die Situation grauenhaft. Keine 24 Stunden zuvor hatte er in einer starken Szene die Journalisten irregeführt; es war nicht so, daß er die DDR-Reise selbst bezahlt hatte, der Scheck war zur reinen Wechselaktion geworden, nichts anderes als Bargeldbeschaffung für Lothar Späth, der jetzt noch eine Parteispende

CDU

Landesverband
Baden-Württemberg

Der Schatzmeister

Redaktion Stuttgart
z.Hd. Herrn Dr. Martin Born

7000 Stuttgart 1

Stuttgart, 11.01.1991 F/S

Spende von Herrn Dr. Helmut Lohr

Sehr geehrter Herr Dr. Born,

wir beziehen uns auf das heute zwischen Ihnen und Herrn Fahr
stattgefundene Telefongespräch und bestätigen heirmit, daß der

Betrag von DM 5.470,00

am 10.05.1988 bei uns eingagangen ist.

Mit freundlichen Grüßen

CDU LANDESVERBAND
BADEN-WÜRTTEMBERG

Wolfgang Fahr
Schatzmeister

Hohenheimer Straße 9, 7000 Stuttgart 1, Telefon (07 11) 2 10 43-0
Bankverbindung: Schwäbische Bank AG Stuttgart, Konto-Nr. 1644 (BLZ 600 201 00)

Bestätigung einer Spende vom 11. Januar 1991, die am 21. Januar 1991
gefunden wurde!

vorschob. Genausogut hätte er sich an jedem Bankschalter den Betrag mit einem Scheck abholen können und dies als Beweis für die Bezahlung aus eigener Tasche anführen können.

Der Reporter versuchte, den angeblichen Spendenbetrag bei der Partei zu finden. CDU-Landesschatzmeister Wolfgang Fahr schickte am 11. Januar 1991 ein Telefax, in dem er mit einem Satz bestätigte, daß die »Spende von Herr Dr. Helmut Lohr am 10. Mai 1988 bei uns eingegangen ist«. Der Betrag war klar – 5 470,00 DM.

Die Kopie eines Kassenbuchauszugs oder ein Einnahmebeleg wollte der CDU-Schatzmeister nicht vorlegen. Aus Datenschutzgründen. Die Scheckgeschichte wurde immer unglaublicher.

Eine Woche nach dem Rücktritt Lothar Späths vom Amt des baden-württembergischen Ministerpräsidenten tauchte das Geld erstmals in CDU-Unterlagen offiziell auf. Selbst da tat sich der Stuttgarter Wirtschaftsprüfer Dietrich Waldmann schwer, und er mußte in seinem Kassenbericht vom 21. Januar 1991, 10 Uhr, eigens einen neuen Titel erfinden: »Geldscheine in Kuverts«, so führte er im Istbestand der Aufstellung an.

Die fragwürdige Erklärung der CDU dafür: Seit dem 10. Mai 1988 seien die 5 470 DM im Tresor der CDU-Landesgeschäftsstelle liegen geblieben und dort vergessen worden.

Verantworten mußte die unglaubliche Erklärung nicht etwa der CDU-Landesvorsitzende oder sein Schatzmeister. Verantwortlich gemacht wird im Bericht der Kassenprüfung die schwerkranke Kassenführerin, die wegen ihrer längeren Krankheit den Posten übersehen habe.

Merkwürdig war in diesem Zusammenhang, daß die CDU mit einem nicht numerierten und nicht gestempelten Einnahmebeleg operierte, auf dem der Vermerk zu lesen war: »Betrag hat der Landesvorsitzende von dem Spender erhalten.« – Nirgendwo aber tauchte der Name des Spenders auf; zehn Tage zuvor jedoch konnte der CDU-Schatzmeister schon bestätigen, daß es sich um »eine Spende von Herrn Dr. Helmut Lohr« handelte.

Merkwürdig ist, daß die peniblen Kassenprüfer das Bargeld im Kuvert nicht schon bei den vorangegangenen Kassenprüfungen seit Mai 1988 entdeckt hatten.

KASSENPRÜFUNG

bei der CDU Landesgeschäftsstelle Baden-Württemberg

Protokoll über die Kassenaufnahme

am 21. Januar 1991 um 10.00 Uhr

__Istbestand:__

1. Bargeldkasse im Tresor

    a) Scheine lose

31 x Scheine zu DM 100,00	DM	3.100,00		
18 x Scheine zu DM 50,00	DM	900,00		
28 x Scheine zu DM 20,00	DM	560,00		
36 x Scheine zu DM 10,00	DM	360,00	DM	4.920,00

    b) Münzen lose

44 x Münzen zu DM 5,00	DM	220,00		
39 x Münzen zu DM 2,00	DM	78,00		
37 x Münzen zu DM 1,00	DM	37,00		
56 x Münzen zu DM 0,50	DM	28,00		
19 x Münzen zu DM 0,10	DM	1,90		
83 x Münzen zu DM 0,05	DM	4,15		
66 x Münzen zu DM 0,02	DM	1,32		
93 x Münzen zu DM 0,01	DM	0,93	DM	371,30
Bargeld in der Kasse			DM	5.291,30

2. Geldscheine in Kuverts im Tresor

    a) DM 5.470,00
        und Einnahmebeleg vom 10.5.1988
        über diese Summe   DM   5.470,00
    b) DM 2.150,00 ohne Beleg   DM   2.150,00

    Kassenbestand am 21.1.1991   DM 12.911,30
                                                 ============

- 2 -

91,60 Deutsche Mark

Im Frühjahr 1991 wollte die SEL endlich wissen, was mit dem Barscheck Lothar Späths geschehen war, und beauftragte die interne Revision mit der Fahndung.

Anfang Februar 1988 ging der Scheck im Büro des SEL-Vorstandsvorsitzenden Helmut Lohr ein; von dort wurde er an die SEL-Öffentlichkeitsarbeit geleitet, weil Späths Reise verdeckt über diese Kostenstelle abgerechnet worden war, so lautet das Ergebnis.

In der SEL-Öffentlichkeitsarbeit, so der Bericht der SEL-Revision, ist der Scheck dann verschwunden. Erst am 4. April 1991 fand die Sekretärin der Abteilung diesen Scheck im Original-Briefumschlag in einer Akte wieder. Späth hatte also Bargeld für einen Barscheck bekommen, der nie eingelöst worden war.

Der Kostenstellenleiter konnte sich dem Bericht zufolge an diesen Scheck nicht mehr erinnern, sehr genau aber daran, daß es keine Anweisung gab, den Scheck nicht einzulösen.

Die SEL-Revisoren befaßten sich auch mit der Frage, wie bei SEL die DDR-Reise von Lothar Späth und Kindern abgerechnet worden war. »Um die erforderlichen Transaktionen in der Firma geheim zu halten, wurden Buchungen manipuliert. Die Rechnung war, so wie sie eingereicht wurde, so nicht prüfbar«, heißt ein Zitat aus dem SEL-Prüfbericht.

Um alle Spuren zum Ministerpräsidenten zu verwischen, bezahlte die Fellbacher Werbeagentur »Bruder« die Rechnung an das Reisebüro. Die Firma »Bruder« ihrerseits stellte SEL eine Rechnung für die »Vorbereitung von Presseaktivitäten in Comecon-Ländern«. In der Fachsprache der Revisoren heißt das »Umgehung des internen Kontrollsystems«.

Auf diese Art und Weise ließ sich Späth von SEL sogar die Reiseführer bezahlen. Der Posten für Polyglotts und Baedekkers macht 91,60 DM.

Unüblicher Zug

In seiner Rechtfertigungs-Pressekonferenz hatte Lothar Späth den Ländervergleich angestellt, als es um die Frage ging, ob auch andere Ministerpräsidenten in den alten Bundesländern

Postfach 4205 · Wilhelm-Stähle-Str. 20 {7012 Fellbach-4 · Tel. 0711/514061 · Telex 07-254409 · Fax 0711/515711

Postscheckkonto Stuttgart (BLZ 600 100 70) 58 500-706
Landessparkasse Stuttgart (BLZ 600 501 01) 27 20 699
Stuttgarter Volksbank (BLZ 600 901 00) 2 747 944

Werbeagentur H. Bruder GmbH&Co.+Partner · Postfach 4205 · 7012 Fellbach-4

Standard Elektrik Lorenz AG
Werbeabteilung
z. Hd. Herrn Dr. Weiler
Lorenzstr. 10

7000 Stuttgart 40

Bargeldlose Zahlung (Eilt-sofort- lauf an ZK/KBH)			
Datum	Zahl.	Datum	Zahlungsanweisun.
21.08.87			
Unterschriften siehe gültige SEL-Anweisung			
KE	KST	Konto-Nr.	Wird von ZK/KBH ausgefül
1	8314		

Rechnung Nr.   WAB 74/87   Unser Zeichen /nb   Tag 14.08.87

	Eigene Leistungen	durchlaufende Posten

Vorbereitung für Presse-
aktivitäten Comecan-Ländern

SEL-Auftrags-Nr.
WAB-Auftrags-Nr. 40/6095

Vorbereitung der Presse-
aktivitäten   DM   11.437,82

```
ZK/KBH    S-NR
N V
S O
AE/RE     80
B         DM
ZK        DM
```

```
durchlaufende Posten  DM    11.437,82
eigene Leistungen     DM         0,00
401381/4355700  DM     11.437,82
14,00 % Mwst.      DM      1.601,29
                   DM     13.039,11
```

Bitte sofort zurück an ZK/KBH

(Kostenstellenleiter)	(Verw. Leitung)
Eingang ZK/KBH 2 4. AUG. 1987	KE
WE	KST Stempel
Pol. rechnerisch freigeg./zur. Prüfung	Konto

Ihre Zahlung erbitten wir
innerhalb 10 Tagen ohne Abzug,
da reine Lohnarbeit.

HRA 989 Amtsgericht Waiblingen
Persönlich haftender Gesellschafter:
Hermann Bruder GmbH

HRB 234 Amtsgericht Waiblingen
Geschäftsführer: Horst Jörg Kurz

72

Nachtrag für Herrn Jünemann:
==============================

Sehr geehrter Herr Jünemann,

wie mit Ihnen telefonisch vereinbart, ist nur die DDR informiert, um
wen es sich bei diesen Reservierungen handelt.

Ich halte es nicht für ideal, dass CEDOK für Prag und Pressburg nur
Reservierung mit Halbpension bestätigt hat. Da der Termin in der
Hochsaison liegt, kann man die Reservierungen wahrscheinlich - sofern
man die Identität nicht preisgibt - nur mit Halbpension erhalten. Auch
die von mir gewünschten Zimmer in Prag - mit Blick zur Moldau - wurden
mir nicht extra bestätigt. Erbitte Bescheid, ob ich nicht auch für die
CSSR-Buchungen den Status der Kunden bekanntgeben kann.

Die uns bestätigten Hotelpreise sind wie folgt:

Erfurt   DM 95.-- je Person und Nacht mit Frühstück
Leipzig   DM 99.-- je Person und Nacht mit Frühstück
Dresden   DM 135.- je Person und Nacht mit Frühstück.

Prag   DM 222.- je Person und Nacht mit Halbpension
Bratislava   DM 144,50 je Person und Nacht mit Halbpension (DM 202.--
                für das Einzelzimmer + DM 87.-- für das Zustellbett).

Budapest   USD 224.-- je Zimmer, incl. Frühstück, je Nacht.

Wien   AUS 4.500.-- je Zimmer und Nacht, incl. Frühstück.(ca.DM
                                                                    650.--)

Für die Reservierungen in der DDR und CSSR müssten wir Gutscheine
ausstellen undSEL in Rechnung stellen. Um den Kunden die Sache zu
erleichtern, schlagen wir vor, auch für Budapest und Wien Gutsceine
mitzugeben, erbitten hierzu Ihren Bescheid.

Ich bin nur noch am 26.5. und am 2.6. im Büro, dann in Urlaub bis zum
29.6., ab 30.6. wieder im Büro. Bitte wenden Sie sich in der Zwischenzeit -
falls Änderungen etc. eintreten sollten- an unseren Büroleiter, Herrn Dieter
Oppenländer oder seine Stellvertreterin, Frau Ingrid Schweitzer.

Da alle Länder, ausser Österreich, Visa verlangen, erbitten wir Klärung,
ob evtl. Dauervisa vorhanden sind.

Mit freundlichen Grüssen

G. Brauer

Verdeckte Abrechnung. Die Werbeagentur »Bruder« bezahlte die
Späth-Reise und schrieb die Rechnung an SEL.

Firmenflugzeuge benutzten. Das sei so üblich, hatte er erklärt.
Die Staatskanzleien stellen das anders dar:

Oskar Lafontaines Flüge als SPD-Vize zahlt immer die Partei, als Ministerpräsident sitzt er meist im Zug, Flugreisen auf Kosten der Wirtschaft vermeldet Saarbrücken nicht.

Gleiches gilt für Björn Engholm im hohen Norden; Dienstreisen werden über den Landeshaushalt abgerechnet.

Die Auskunft aus Niedersachsen: Ministerpräsident Gerhard Schröder legt Wert auf strikte Trennung von Politik und Wirtschaft; zu Eileinsätzen nutzt Schröder Hubschrauber von Polizei und Bundesgrenzschutz. Am 22. Oktober 1989 saß Schröder im Flugzeug von »VW«... als Mitglied im »VW«-Aufsichtsrat.

Nordrhein-Westfalen und Bayern: Johannes Rau und Max Streibl sind beide Mitglied im Aufsichtsrat der »Lufthansa«, fliegen gerne und umsonst mit Linie. Passagiere der Wirtschaft waren sie noch nie. Rau ist gelegentlich an Bord des Jets der »Westdeutschen Landesbank«, die dem Land gehört.

In Hessen ließ die Staatskanzlei Walter Wallmanns wissen, würden Flüge über den Landeshaushalt abgewickelt.

In Mainz war zu hören, Ministerpräsident Wagner nutze möglichst häufig den Dienstwagen und fliege möglichst wenig.

Aus Berlin kam die Auskunft, ob Momper oder Diepgen, ganz egal, Flüge ganz normal mit Linie. Abrechnung über den Senat.

Hanseatisch genau die Abrechnung in Bremen und Hamburg. Ein Beispiel: Jahresempfang der Bremer Hafengesellschaft in New York. Bürgermeister Hans Wedemeier kaufte Flugticket und buchte das Hotel selbst und rechnete über den Senat ab; der Veranstalter, die Hafengesellschaft, bewirtete Wedemeier lediglich beim Empfang.

So viel zu Späths Hinweis, ein an die Wirtschaft angelehntes Flugverhalten sei »keine baden-württembergische Spezialität« und aus Gründen der Kostenersparnis nicht unüblich.

Ehrenerklärung

Die Schlagzeilen nach Späths großer Rechtfertigungs-Pressekonferenz: »Späth: Ich zahle alles zurück« (Stuttgarter Nachrichten); »Späth: Ich bin sehr gelassen« (Stuttgarter Zeitung);

»Ein Späth läßt sich nicht kaufen« (Südwest-Presse); »Späth weist Vorwurf der Bestechlichkeit zurück« (Schwarzwälder Bote); »Ein von den Vorwürfen getroffener Lothar Späth geht in die Offensive« (Esslinger Zeitung); »Lothar Späth zahlt Reisekosten zurück« (Pforzheimer Zeitung); »Skipper Späth will alles zurückzahlen« (TAZ); »Lothar Späth hat in den letzten Tagen sogar an Rücktritt gedacht« (Frankfurter Rundschau); »Lothar Späth in Seenot« (Süddeutsche Zeitung).

Die Christdemokraten des Landes mühten sich um ein Bild der Geschlossenheit. Dennoch gab es schon wieder neue Schlagzeilen – gegen Lothar Späth: »Strafanzeige gegen den Regierungschef« vermeldete zum Beispiel die »Stuttgarter Zeitung».

Der Reporter hatte mit dem Strafanzeiger, einem Esslinger Steuerberater, gesprochen. Die Anzeige richtete sich gegen »Herrn Lothar Späth, zur Zeit noch Ministerpräsident des Landes Baden-Württemberg«. Späth wurde der Vorteilsannahme beziehungsweise der Bestechlichkeit gemäß der Paragraphen 331 und 332 des Strafgesetzbuches beschuldigt. Der Steuerberater lieferte die Erklärung für seinen Schritt: »Wie soll ich meinen Mandanten Steuerehrlichkeit vermitteln, wenn man sieht, wie sich sogar der Regierungschef des Landes nur wenig Gedanken darüber macht, was rechtens ist, und was nicht.«

Der Anzeiger bezog sich auf Kommentare zu den beiden Paragraphen des Strafgesetzbuches, in denen es um Vorteilsannahme und Bestechlichkeit geht: »Danach bedarf es keiner Feststellung, wann, wo und wie eine Diensthandlung vorgenommen werden soll; auch Inhalt und Art der Dienstleistung müssen nicht konkret bestimmt, sondern nur in groben Zügen erkennbar sein.«

Ministerpräsident Späth habe, so wird der Steuerberater dann in der »Stuttgarter Zeitung« zitiert, als öffentlicher Amtsträger offenbar »Vorteile in nicht unerheblichem Umfang und dies in mehreren Fällen angenommen«. Späths öffentliche Ankündigung, diese Vorteile zurückzahlen zu wollen, sei in strafrechtlicher Hinsicht ohne Bedeutung.

»Herr Späth, nun sagen Sie endlich die ganze Wahrheit!«, forderte in fetten Lettern die »BILD«-Zeitung, am Tag nachdem die »BILD«-Überschrift gelautet hatte: »›Cleverle‹ Späth – Es ist gefährlich, so clever zu sein.« Späth brauchte dringend Solidarität aus der Partei.

Das CDU-Präsidium bastelte an einer Erklärung und auch Fraktionschef Erwin Teufel, der mitunter schon als Kronprinz gehandelt wurde, trat offiziell an die Seite des Noch-Ministerpräsidenten.

»Die Vorwürfe gegen Ministerpräsident Lothar Späth stehen in keinem Verhältnis zu den Leistungen des Ministerpräsidenten in den letzten zwölf Jahren«, hieß es am 9. Januar 1991 in einer Presseerklärung des CDU-Fraktionsvorsitzenden. Lothar Späth sei in seiner Arbeit außerordentlich erfolgreich, Baden-Württemberg nehme eine führende Rolle im Bundesgebiet und darüber hinaus ein.

Teufel gab die Ehrenerklärung für Späth: »Die CDU Baden-Württemberg und die CDU-Landtagsfraktion weisen diese Versuche, das Ansehen und die Integrität des Landesvorsitzenden der CDU und Ministerpräsidenten in Zweifel zu ziehen, entschieden zurück. Lothar Späth hat unser Vertrauen. Aus jahrelanger Begleitung und Beobachtung seiner Person und seiner Politik sind wir von der korrekten Ausübung seiner Amtspflichten als Ministerpräsident und von der Redlichkeit, Unabhängigkeit und persönlichen Integrität Lothar Späths überzeugt.«

Der Reporter erinnerte sich an eine ähnliche Erklärung des CDU-Fraktionsvorsitzenden Erwin Teufel, die zwölfeinhalb Jahre zurücklag; damals mußte Ministerpräsident Hans Karl Filbinger aus dem Amt scheiden, nachdem bekannt geworden war, daß er im Nationalsozialismus als Marinerichter Todesurteile verhängt hatte. Wie war diesmal die Ehrenerklärung zu werten?

Der Reporter telefonierte mit einem Vertrauten des CDU-Fraktionsvorsitzenden im Stuttgarter Landtag und fragte ihn, ob mit einem Rücktritt des Ministerpräsidenten Späth zu rechnen sei? – Die Antwort war vielsagend: »Es läuft alles nach Plan«, so die Auskunft, Teufel habe alles im Griff und die Zügel in der Hand.

Dreizehn Tage nach diesem Telefonat hieß der Ministerpräsident von Baden-Württemberg Erwin Teufel.

Kugel

Wenn's sein muß, dann halten die Mächtigen zusammen. Über Parteigrenzen hinweg. Solidarität bewies der Konzernchef mit dem CDU-Ministerpräsidenten und bereitete damit dem Reporter schlaflose Nächte.

Edzard Reuter, der Konzernschmied von Daimler-Benz, hatte einen Abend mit Chefredakteuren und Medienvertretern auf dem Programm.

Der Konzernchef sprach an diesem Abend bei erlesenem Mahl aber nicht nur von wirtschaftlichen Strategien, von unternehmerischer Verantwortung bei Umweltproblemen oder vom Rüstungsexport, er rief den Medienvertretern ihrerseits das journalistische Gewissen in Erinnerung.

Am Beispiel Lothar Späth warnte Edzard Reuter vor einem Kesseltreiben. Wie dem Reporter zugetragen wurde, stellte der Daimler-Benz-Chef die Frage, was denn die Journalisten machen würden, wenn sich der Mann eine Kugel in den Kopf jage?

Die hochgestellten Medienvertreter sollen nach dieser Fragestellung sehr kleinlaut gewesen sein; nur ein Chefredakteur soll spontan gesagt haben: »Das macht der schon nicht.«

Dem Reporter freilich schlug's stark auf den Magen, als er die Warnung des Konzernchefs zu Ohren bekam. In Vorbereitung weiterer Berichte zur Traumschiff-Affäre tigerte er rund um den Arbeitsplatz und überlegte, ob man nicht besser einen CDU-Mann und Späth-Kenner anrufen solle.

»Ich ruf den Rommel an«, schrie der gestreßte Reporter, um wenig später eine andere Idee zu verbreiten: »Ich ruf den Kleinert an.«

Der Reporter hat nicht angerufen, aber die Fragestellung hat ein paar Tage lang an ihm genagt. Als er ein paar Monate danach den zurückgetretenen Ministerpräsidenten Lothar Späth in einer Fernseh-Talkshow mit seiner Selbstzufriedenheit und Verachtung für Journalisten erlebt hat, da hat die Ehefrau den Reporter gefragt, warum er sich nur einen Gedanken um die Psyche des Mannes machen konnte und warum er in den Tagen bloß so unruhig geschlafen hat.

Wiener Blut

Der Kommentar des Reporters »Es werden weitere Enthüllungen kommen« war goldrichtig. Nach Späths Scheck-Desaster folgte am nächsten Tag eine weitere Merkwürdigkeit im Amtsverständnis des baden-württembergischen Ministerpräsidenten Lothar Späth. Wer bisher die Meinung vertrat, das reiche Baden-Württemberg sei wohlhabend genug, seinen Regierungschef anständig reisen zu lassen, wurde aus seinen naiven Vorstellungen gerissen.

Wer auf dem Weg war, sich damit abzufinden, daß es vielleicht gar nicht anders gehe, als daß der Ministerpräsident Fluggeräte heimischer Unternehmen in Anspruch nehme, dem wurde jetzt von der Ulmer »Südwest-Presse« eine Geschichte aufgetischt, die nochmals von anderer Qualität war.

Danach hat sich der baden-württembergische Ministerpräsident nicht nur Flüge, sondern auch Hotelkosten bei offiziellen Dienstreisen von privater Seite bezahlen lassen. So mußte das Staatsministerium dem Blatt eine zweitägige Reise nach Wien im November 1986 bestätigen, wo Späth mit dem österreichischen Bundeskanzler Vranitzky zusammentraf; der damalige Generalbevollmächtigte der Firma »Blendax«, der Stuttgarter Wirtschaftsanwalt Lothar Strobel, finanzierte diese Dienstreise des Regierungschefs.

Dem Bericht zufolge hatte Strobel das Privatflugzeug und Übernachtungskosten für Suiten in dem Wiener First-Class-Hotel »Bristol« für Späth, seinen Regierungssprecher Kleinert, den Generalintendanten der Württembergischen Staatstheater, Wolfgang Gönnenwein, für die Stuttgarter Ballettchefin Marcia Haydee und für einen Journalisten übernommen.

Eigentlich, so wurde berichtet, sollte Späths Wien-Aufenthalt nur einen Tag lang dauern. Späth sei dann aber von Lothar Strobel eingeladen worden, am Vorabend an einem Künstlertreffen in der Wiener Galerie »Ulysses« teilzunehmen. Deshalb sei die Reise verlängert worden.

Nach Angaben des Stuttgarter Staatsministeriums habe Strobel die Kosten als Privatmann übernommen. Der stellvertretende Regierungssprecher Hartmut Reichl erklärte: »Späth hatte keine Kenntnis davon, wer, wann, wo, was bezahlt.«

Bei seiner Rechtfertigungs-Pressekonferenz hatte Späth noch erklärt, er glaube nicht, daß bei Dienstreisen neben Flügen auch Hotelkosten von anderen bezahlt worden seien.

Harmonie

»Harmonie« heißt das Gebäude, in dem Lothar Späth am
11. Januar 1991 den Neujahrsempfang der Landesregierung hinter sich bringen mußte. Harmonisch war ihm an diesem Abend
nicht ums Herz.

Normalerweise liebte und genoß Späth diese Abende, bei
denen er sich von den Bürgern seines Landes feiern lassen
konnte. Hier ein belegtes Schnittchen, da ein Gläschen Sekt,
dort ein Witzle und da ein Schwätzle. Späth hielt nicht starr am
Veranstaltungsort in der guten Stube des Landes, im Stuttgarter Neuen Schloß, fest, sondern er zog mit dem Neujahrsempfang durchs Land. Etwa nach Friedrichshafen oder bei seinem
letzten Empfang in die Heilbronner Harmonie.

Kollegen des Reporters berichteten, daß es den Regierungschef viel Kraft gekostet habe, an diesem Abend Gelassenheit
zu demonstrieren. Vor 3 000 geladenen Gästen aber hatte
Lothar Späth gar keine andere Wahl.

Das Wort vom Rücktritt wollte Späth an diesem Abend weit
von sich weisen, obwohl Informanten aus seinem Umfeld
bestätigt hatten, daß sich der Ministerpräsident gedanklich mit
diesem Schritt wenigstens zeitweise auseinandergesetzt hatte.

In der Heilbronner »Harmonie« spielte Späth den Unangreifbaren, der jetzt verlangte, daß eine möglichst schnelle,
objektive und einwandfreie Klärung der gegen ihn erhobenen
Vorwürfe erfolge. Späth selber forderte die Einsetzung eines
parlamentarischen Untersuchungsausschusses. So Späth bei
seinen »ganz persönlichen Bemerkungen«.

Eine Nacht

Am Tag nach dem Neujahrsempfang der Landesregierung
kamen erneut Gerüchte über den bevorstehenden Rücktritt des
Ministerpräsidenten auf. Der Reporter bemühte sich den ganzen Tag, den Wahrheitsgehalt dieser Gerüchte herauszufinden.

Die Recherche-Telefonate zogen sich in den Abend hinein,
aber handfeste Informationen schienen an diesem Tag nicht
zustande zu kommen.

Es war gegen 22 Uhr, als der Reporter gebeten wurde, in ein
Stuttgarter Bürohaus zu kommen. Dort herrschte eine hekti-

sche Atmosphäre: Sekretariat besetzt, alles hell erleuchtet und alle Mann an Bord. Gearbeitet wurde fieberhaft. Der Reporter verlangte einen Schnaps.

Als Mitarbeiter die Anwesenheit des Reporters bemerkten, wurden schleunigst die Vorhänge zugezogen und die Rolläden heruntergelassen. Die Stimmung war nervig, der Zeitdruck war riesig, und der Reporter wurde in verqualmten Räumen schnell mitgerissen.

Archive wurden durchwühlt, Akten gewälzt, Computer befragt, Telefone schlugen Alarm. Der Chef des Ladens schien nicht in der Lage, die Lesebrille gerade zu rücken... und immer wieder Telefon-Dauergespräche.

Am nächsten Morgen hatte der Reporter eine Menge Informationen. Über die erste Ägäis-Schiffstour 1984, über die Ausstattung der Landesbehörden mit Telefaxgeräten der SEL und über Späths Bemühungen, die Bundeswehr zur Anschaffung von SEL-Feldtelefonen zu bewegen, über die Firma »Hetzel«, ihre Campingplatz-Pläne in Sachsen, und über neue Reisen.

Kaum verdaulich

Nach Berichten der »Südwest-Presse« jagte am Samstag, dem 12. Januar 1991, im Stuttgarter Staatsministerium eine Krisensitzung die andere. Im Krisenstab des Ministerpräsidenten sein Stellvertreter, Landwirtschaftsminister Gerhard Weiser, und Innenminister Dietmar Schlee. Nach Informationen der Zeitung waren auch zwei persönliche Freunde Späths anwesend, die nur in äußerster Not gerufen werden konnten, und schließlich soll es Kontakt zu Späths früherem Regierungssprecher, dem Daimler-Benz-Direktor für Öffentlichkeitsarbeit, Matthias Kleiner gegeben haben.

Stundenlang wurde in der Villa Reitzenstein beraten, welchen Handlungsspielraum Späth überhaupt noch habe; und dem Bericht zufolge wurde auch bei Journalisten nachgefragt, was sie denn noch alles im Busch hätten.

Insgesamt, so wurde es in Kreisen der Landespressekonferenz bewertet, waren die Dementis aus dem Staatsministerium zum Radiobericht und zur Vorabinformation, die das Nachrichtenmagazin der »SPIEGEL« gegeben hatte, äußerst dünn.

Regierungssprecher Zach kritisierte ein falsches Datum, das im Bericht genannt worden sei; er erklärte zur Meldung, Späth sei unter dem Decknamen »Schwab« gereist, der Ministerpräsident habe aus Sicherheitsgründen zwei Pässe mit anderem Namen besessen; alle weiteren Erklärungen zu Reisen wurden pauschal abgelehnt.

Was die Stunde geschlagen hatte, das zeigte an diesem Samstagnachmittag die »Deutsche Presseagentur«. Roland Sauer, Stuttgarter Bundestagsabgeordneter und Hinterbänkler in Bonn, wurde dort zitiert: »Wenn sich das alles bestätigen soll, entsteht für uns eine neue Lage.«

Peterchens Mondfahrt

An diesem Samstag hatte die Kritik an Lothar Späth ihren Höhepunkt erreicht. Es war eine Woche gewesen, in der die Kommentare gegen den Stuttgarter Regierungschef immer härter geworden waren. Selbst dem Ministerpräsidenten wohlwollend gesonnene Kommentatoren meldeten Zweifel an, ob mit dem Amtsverständnis von Lothar Späth noch alles im Lot war. Nur wenige hatten nach Späths Pressekonferenz geäußert, daß damit »alles vom Tisch« sei.

Vor Wochenfrist hatte in einem landespolitischen Radiomagazin, freilich im Rahmen einer Journalistenrunde, ein Kollege gemeint, Späth müsse jetzt »die Hosen runter lassen«, der Moderator war davon völlig überrascht, wollte sich verabschieden und quetschte heraus: »Wir werden helfen, es unten zu halten.«

Insgesamt stand die Sache schlecht für Lothar Späth. Auch die überregionalen Blätter schenkten jetzt, trotz sich verschärfender Golfkrise, Aufmerksamkeit, und meist setzten sie dicke Fragezeichen hinter die politische Zukunft des baden-württembergischen Ministerpräsidenten. »Was immer noch kommen mag«, so kommentierte »Die Zeit« beispielsweise am Donnerstag, »Lothar Späth ist politisch am Ende.«

Mitte der zweiten Januar-Woche 1991 hatte das Präsidium des CDU-Landesverbandes Baden-Württemberg Späth das Vertrauen ausgesprochen. Erstmals hieß es in einer offiziellen Erklärung, wenn jetzt versucht werde, immer neue Gerüchte zu streuen oder Vorgänge zu problematisieren, dann trage dies »Züge einer zielgerichteten Kampagne«, der sich die CDU in Baden-Württemberg »entschieden widersetzen wird«.

Daneben wurden weitere Reisen von Lothar Späth bekannt. Laut »Schwäbischer Zeitung« war Späth nach einer Vortragsveranstaltung in München mit einem Flugzeug von »Bayer-Consult« über Stuttgart nach Paris geflogen, um dort eine Ausstellung des mit ihm befreundeten Ludwigsburger Malers Lude Döring zu eröffnen. Montags hatte Späth noch erklärt, er habe mit Firmenflugzeugen keine Privatreisen unternommen.

Aufregen konnten solche Nachrichten freilich niemanden mehr; es zeigt bloß, die Grauzone war viel größer, als Lothar Späth behauptet hatte.

Das Wochenende nahte, und die Vorabinformation des nächsten »SPIEGEL« drohte; das Nachrichtenmagazin langte zum zweitenmal hin.

Das Ehepaar Späth wurde als Teilnehmer jener exklusiven achtköpfigen Urlaubsgesellschaft genannt, die sich Anfang 1987 von Max Grundig in einer für eine halbe Million Mark eigens gecharterten Concorde in die Karibik fliegen ließ. Dort war man dann mit der 62 Meter langen Grundig-Jacht »Maria Alexandra« und 20 Mann Besatzung unterwegs.

Der »SPIEGEL« sichtete Lothar Späth auch in Südostasien. Unter dem Decknamen »Schwab« soll Späth im Fünfsternehotel »Mutiara Beach Resort« Station gemacht haben; Reisefinanzier sei in diesem Fall der Stuttgarter Wirtschaftsanwalt Lothar Strobel gewesen. Bei dieser Reise im Oktober 1989 habe der Schwabe Wert auf Diskretion gelegt; als man ihm einen Bootstörn zu einer Insel vorgeschlagen habe, habe Späth mit der Begründung abgelehnt: Er habe gehört, dort gebe es Piraten.

Späth sei auf Kosten Strobels im Sommer 1985 auf dessen Farm in Irland gewesen und mit »Hetzel« Pfingsten 1990 in Ägypten. Gemeinsame Urlaubs- und Vergnügungsreisen, mit und ohne Familien, gebe es mit Werner Niefer, dem »Mercedes«-Chef. Mit keinem aus der Großindustrie sei Späth so eng wie mit ihm.

Das Nachrichtenmagazin erinnerte in diesem Zusammenhang an die Subvention von über 100 Millionen Mark beim Bau des Werkes in Rastatt und an die Beteiligung von Daimler-Benz beim Umbau der Universität Ulm zur wissenschaftlich-industriellen Denkfabrik.

Immer, wenn der Daimler-Konzern Probleme mit dem Staat habe, sei das ein Fall für Niefer. »Das mache ich mit Lothar selber aus«, wird Niefer zitiert, was so freilich nicht stimmen kann. Niefer muß gesagt haben: Des mach' ich mit dem Lothar scho selber aus.

Diese Vorabinformation zeigte Wirkung bei Späth; am Sonntagmittag stoppte er ein Interview, das er dem »STERN« gegeben hatte. Der Grund war klar: Sechs Stunden später verkündete Späth seinen Rücktritt.

Die »STERN«-Redakteure beschrieben Späth beim Interview als aschfahl und fahrig. Noch nie zuvor in seinem Politikerleben dürfte Späth in einem Interview so häufig geschwiegen, so oft gestammelt und so verzweifelt den Kopf geschüttelt haben. Zitat aus dem unveröffentlichten Interview: »Es geht mir nicht gut.«

Nachdem am Samstag die »SPIEGEL«-Story bekanntgeworden war, herrschte in Baden-Württemberg eine eigenartige Ruhe. Klar war, daß sich am folgenden Tag das Präsidium der baden-württembergischen CDU zu einer schon länger geplanten Sitzung traf: auf dem Jägerhof, dem Hotel des Späthschen Unternehmerfreundes Helmut Aurenz, bei Isny.

Die Nachricht vom bevorstehenden Rücktritt ereilte den Reporter am Sonntagnachmittag im Kino; der siebenjährige Sohn hatte ihn dorthingeschleppt, Titel des Streifens: »Peterchens Mondfahrt«.

Frisch verschneit

Den amerikanischen Präsidenten Harry Truman hatte er bei seiner Rechtfertigungs-Pressekonferenz bemüht: Wenn's Dir in der Küche zu heiß wird, dann mußt Du aus der Küche gehen.

Lothar Späth kam kurz nach 16 Uhr aus der Küche an jenem 13. Januar 1991. An aufgepfahlten Schweinehälften vorbei, verließ er den frisch verschneiten Jägerhof bei Isny durch die Küchentür an der Hinterseite; sein Ziel war Stuttgart, wo er für 18 Uhr die Journalisten zur Pressekonferenz bestellt hatte.

Um 14.31 Uhr war es aus dem Fernschreiber gequollen: »Im Auftrag von Ministerpräsident Lothar Späth lade ich Sie zu einer Pressekonferenz ein, die heute, Sonntag, 13. Januar 1991, 18 Uhr, im Kabinettssaal des Staatsministeriums stattfindet. Hartmut Reichl.«

Wozu der stellvertretende Regierungssprecher einlud, war klar: zur Rücktrittserklärung. Späth sah für sich selber keine Chance mehr, nachdem es im Laufe der letzten beiden Wochen fast täglich neue Enthüllungen über fremdfinanzierte Dienst- und Privatreisen gegeben hatte. Die Traumschiff-Affäre hatte eine Eigendynamik gewonnen, die Späth nicht mehr glaubte stoppen zu können.

Als Lothar Späth gegen 15 Uhr nach Isny kommt, erklärt er dem baden-württembergischen CDU-Präsidium ohne Umschweife das Aus. Als ihn nach einer Stunde beim Verlassen des vertrauten Jägerhofes seines Freundes Helmut Aurenz am Hinterausgang Journalisten fragen, was aus ihm werde, gibt sich der scheidende Ministerpräsident mit Sarkasmus: Ein Buch über »Heuchler und Pharisäer« werde er nun schreiben.

In der Villa Reitzenstein in Stuttgart ist es Punkt 18 Uhr, als sich die Tür zum von Journalisten überfüllten Kabinettssaal öffnet. Über der Stadt drunten liegt ein akustischer Teppich von Glockengeläut. Späth müht sich zu lächeln; daß ihm das Heulen näher ist, sieht man ihm an. Er ist nicht gelassen oder gefaßt.

Noch einmal, zum letztenmal, nimmt er auf dem Stuhl Platz, von dem aus er seit August 1978 die Kabinettssitzungen geleitet hatte. Kurz zuvor, so kann man es hören, seien im Dienstzimmer des Ministerpräsidenten Tränen geflossen, als er seinen Mitarbeitern, seinen Sekretärinnen und Leibwächtern seinen Entschluß zum Rücktritt mitgeteilt hatte.

Späth bemüht sich um eine feste Stimme. »Mit Begeisterung und Leidenschaft« sei er in den letzten zwölfeinhalb Jahren Ministerpräsident gewesen, beginnt Lothar Späth seine Rücktrittserklärung. »Ungeschicklichkeiten« räumt er erstmals ein, aber er meint, daß mit ihm nicht fair umgegangen werde. »Durch eine politisch motivierte Kampagne – bis hin zur Unterstellung und sogar Verleumdung – ist der Eindruck einer Verquickung privater und öffentlicher Interessen entstanden«, erklärt Späth.

Dem Reporter wischt der zurücktretende Ministerpräsident bei seinem letzten Auftritt in der Villa Reitzenstein noch eins aus: Als anschauliches Beispiel für den unfairen Umgang nennt Späth die Anfrage des Reporters nach seiner Kunst- und Bildersammlung; der Reporter hatte Hinweise bekommen, Späths Sammlung sei mit einem Ministerpräsidentengehalt nicht zu finanzieren, und hatte das Staatsministerium um eine Stellungnahme gebeten.

Noch einmal wird Ministerpräsident a. D. Späth plakativ: »Der Späth ist nicht käuflich. Der Späth ist nicht bestechlich.« Er sei immer bestrebt gewesen, Politik, Wirtschaft, Wissenschaft und Kultur zusammenzuführen; seine politische Unabhängigkeit habe er dabei zu keinem Zeitpunkt verloren. Späth schaut auf die Reporter, als er von Heuchelei mancher Journalisten spricht. »Ich bin das Opfer einiger von Ihnen.«

Lothar Späth am Abend des 13. Januar 1991: Vor der Presse erklärt er seinen Rücktritt. Trost spendend: der stellvertretende Ministerpräsident Gerhard Weiser (rechts).

Aufrecht sei er in dieses Haus gekommen, aufrecht gehe er hinaus, sagt Späth am Ende. Sein Stellvertreter, Landwirtschaftsminister Gerhard Weiser, führt ab sofort die Geschäfte und schließt ihn kurz in die Arme.

Als ein Kollege des Reporters ruft, wie es um den CDU-Landesvorsitz bestellt sei, schirmt Weiser ihn ab, und Späths zitternde Stimme lehnt die Beantwortung der Frage ab: »Laßt mich einmal mich selber sein, einmal ... nur einmal.«

E.T.

Erwin Teufels Plan funktionierte; er hatte die Situation im Griff. E.T. war außerirdisch schnell.

Als Innenminister Dietmar Schlee den Stuttgarter Oberbürgermeister Manfred Rommel besuchte, um ihn zur Kandidatur für das Amt des Ministerpräsidenten zu überreden, kam er zu spät.

Erwin Teufel war schon da, um keinen Zweifel aufkommen zu lassen. Er hatte dem beliebten Stuttgarter Oberbürgermeister klargemacht, daß er sich mit der Frage, ob er zum zweiten Mal versuchen wolle, sich von der CDU-Landtagsfraktion aufs Kandidatenschild heben zu lassen, gar nicht erst auseinanderzusetzen brauchte. Teufel zu Rommel: Ich mach's.

Am Sonntag war Späth zurückgetreten. Am Montag fand in der Villa Reitzenstein eine Kabinettssitzung statt, bei der der Platz des Regierungschefs leer blieb. Am Dienstag wurde bei einer CDU-Fraktionssitzung deutlich, daß die Mehrheit der Abgeordneten sich auf Erwin Teufel festgelegt hatte. Am Mittwoch wurde Erwin Teufel von der Landtagsfraktion mit 62 von 64 Stimmen zum Ministerpräsidenten-Kandidaten nominiert. Zuvor hatten sich alle 28 Mitglieder des CDU-Landesvorstandes für Teufel ausgesprochen.

Sechs Tage später, am 22. Januar 1991, wurde Erwin Teufel vom Landtag des Landes Baden-Württemberg mit 71 von 124 Stimmen zum neuen Ministerpräsidenten gewählt. Da die CDU-Landtagsfraktion 66 Abgeordnete zählte, mußten mindestens fünf aus den Oppositionsfraktionen Teufel gewählt haben.

Tags darauf gab Erwin Teufel seine erste Pressekonferenz als Ministerpräsident und kündigte an, daß er im Lande Baden-Württemberg präsent sein wolle. Termine außerhalb des Landes werde er nur wahrnehmen, »wenn sie wirklich für die Entwicklung des Landes notwendig sind«.

MP E.T. fuhr nach seiner Wahl wieder zum Stuttgarter Oberbürgermeister, um seinen Antrittsbesuch zu machen. Es sei ihm eine Freude, zusammen mit Rommel an der Zukunft des Landes zu arbeiten, erklärte der neue Ministerpräsident: »Wir werden uns nicht gegenseitig über die Presse informieren«, beschwor Teufel Gemeinsamkeiten.

Ende des Monats wählte die CDU-Fraktion Günther Oettinger zum neuen Fraktionschef, und Erwin Teufel stellte sein Kabinett vor.

Drei Jahre

Die Traumschiff-Affäre war vorbei, aber es gilt, noch Zahlen nachzutragen: drei Jahre Freiheitsstrafe für Helmut Lohr wegen Untreue und Betrugs, wegen Schädigung von SEL um 600 000 DM und wegen Einkommensteuer-Hinterziehung in Höhe von 1,2 Millionen Mark; 100 000 DM Geldstrafe für Franziska Lohr wegen Hinterziehung von Einkommensteuer.

»Ohne Reue und skrupellos« hatte Staatsanwalt Friedrich Rienhardt den Täter mit weißem Kragen dargestellt; bei zahlreichen Aktionen und über lange Zeit habe Lohr seine Macht ausgenutzt. »Andere mußten kuschen, die Angst vor dem Angeklagten war zu groß.« – Er selber hatte den Wink des Schicksals 1986 nicht verstanden, als ihm die interne Revision auf die Schliche gekommen war. Bei SEL sollte, laut Staatsanwalt, alles unter den Teppich gekehrt werden, weil die Übernahme durch den neuen Mehrheitsaktionär bevorgestanden habe.

Die achte Wirtschaftsstrafkammer unter dem Vorsitz von Richter Udo Heissler sah das genauso. Wichtig war dem Richter in seiner Urteilsbegründung die Rolle von Franziska Lohr.

Heissler sagte es in aller Deutlichkeit: Sie übe »beherrschenden Einfluß« auf ihren Mann aus. Der »SPIEGEL« titelte darauf »Lady Macbeth in Vaihingen«. Und Gerhard Mauz schrieb: Es gehe nicht darum, einen Mann auf Kosten seiner Frau zu entlasten. »Es geht um eine Partnerschaft, die in dem Bereich, in dem sie im Prozeß sichtbar wurde, ein Unglück für beide Partner genannt werden muß.«

Der Reporter erinnert sich an eine kleine Geschichte, die während des Verfahrens auf den Gängen des Landgerichts erzählt wurde: Helmut Lohr ließ sich angeblich einmal nicht chauffieren, sondern saß selber hinterm Lenkrad, als er die SEL ansteuerte. Lohr erwischte nicht die Haupteinfahrtsspur, sondern einen beschrankten Nebenstreifen. Der Vorstandsvorsitzende mußte aussteigen, um dem Pförtner zu signalisieren, er möge die Schranke öffnen. Franziska Lohr soll aus dem Wagen gerufen haben: »Helmut, der kennt Dich nicht!«

Richter Udo Heissler brachte es aber fertig, so wie es auch die heimischen Zeitungen in ihrer nachfolgenden Berichterstattung fertigbrachten, daß in der ganzen Urteilsbegründung der Name Lothar Späth nicht fiel.

Wie überhaupt im ganzen Verfahren die Wirtschaftsstrafkammer das sichtliche Bemühen hatte, die Beziehung zwischen Lohr und Späth nicht anzurühren. Ein entscheidender Punkt übrigens, warum das Mißtrauen gegenüber der Justiz entstanden und so sehr gewachsen war.

»Die persönliche Schuld von Helmut und Franziska Lohr kann nicht isoliert betrachtet werden. Sie haben sich unstreitig strafbar gemacht – doch sie konnten nur in dem von Lothar Späth regierten Baden-Württemberg so leicht und so hartnäckig schuldig werden«, auf diesen Nenner brachte es Gerhard Mauz.

In einem Land, so meinte der Autor, das von einem Ministerpräsidenten regiert wurde, der sich selber als Personfizierung Baden-Württembergs empfand und der sich im Umgang mit den Wirtschaftsführern seines Landes als der »Vorstandsvorsitzende der Baden-Württemberg AG« fühlte.

Das Urteil traf Helmut Lohr bitter. »Noch im Gerichtssaal verhaftet«, hießen später die Schlagzeilen. Der Haftbefehl gegen den Angeklagten wurde wieder in Vollzug gesetzt, weil sich Teile des Lohr-Vermögens im Ausland befanden, weil da ein Haus auf Mallorca war. Gegen Ende seines Verfahrens hatte Lohr wohl noch mit einem Angebot aus Japan kokettiert.

Auf Antrag der Staatsanwaltschaft setzte das Gericht den gegen eine Kaution von 2,5 Millionen Mark ausgesetzten Haftbefehl wegen Fluchtgefahr wieder in Vollzug.

Als Helmut Lohr diese Nachricht im Gerichtssaal hörte, wankte er. Ganz am Ende, zum erstenmal in diesem Verfahren, ließ er seine Fassade fallen, wurde allerdings sofort von den Verteidigern abgeschirmt.

Helmut Lohr hätte es viel, viel milder haben können. Wäre die Fassade früher gefallen, hätte Helmut Lohr nicht immer den Mächtigen gespielt, der er schon gar nicht mehr war, hätte er menschliche Züge gezeigt und wäre er nicht bloß der Rechthaber gewesen, Helmut Lohr wäre nicht hinter Gitter gekommen.

Er war aber zu stolz, um auch nur ansatzweise Reue zeigen zu können; er verbiß sich in Besserwisserei und hielt starr an seinem zusammengezimmerten Weltbild fest; und er pfuschte seinen erfahrenen und gewiß nicht billigen Anwälten laufend ins Handwerk; er hielt Hof und Pressekonferenzen vor dem Gerichtssaal – gegen den Rat seiner Anwälte.

Gerhard Mauz schrieb sarkastisch: »Er mißachtete das eigene Interesse und ruinierte Themen, die von der Verteidigung im rechten Augenblick und in angemessener Weise vor- und eingebracht, einige Wirkung hätten tun können. Doch Herr und Frau SEL wußten eben, wie man mit Anwälten und Medien umzugehen hat.« Helmut Lohr hätte nicht ins Gefängnis gebraucht, er hätte wahrscheinlich bloß zahlen müssen.

Haftbeschwerden, die Helmut Lohr im Laufe des Jahres 1991 einreichte, wurden rundum abgelehnt. Obwohl er die Revision ankündigte, blieb Helmut Lohr im Vollzug.

Helmut Lohr war auch deshalb im Gerichtssaal verhaftet worden, weil die Kammer ihre Unabhängigkeit vorführen wollte und mußte; weil zu beweisen war, daß man bei einem Großen solch einen Schritt nicht scheute; in der Vollzugsanstalt von Stuttgart-Stammheim mußte er als Untersuchungsgefangener behandelt werden, weil das Urteil noch nicht rechtskräftig war. Aber da gibt es Unterschiede.

Aus Kreisen der Justiz erfuhr der Reporter von einer Art subtiler Rache an Helmut Lohr: Der durch sein bisheriges Luxusleben besonders strafempfindliche Manager soll in einer Gemeinschaftszelle mit drei anderen Männern untergebracht sein.

Merkwürdiges geschah bei der »Standard Elektrik Lorenz AG« in Stuttgart-Zuffenhausen. Die Firma, die sich die ganze Zeit über, nach eigenem Bekunden, niemals durch ihren früheren Vorstandsvorsitzenden geschädigt fühlte, nicht einmal zu Beginn der Hauptverhandlung, will plötzlich Geld zurück.

Der Dienstvertrag mit Helmut Lohr war mit Wirkung vom 28. Februar 1989 im gegenseitigem Einvernehmen beendet worden. Mit einem unsittlichen Abschlußergebnis: Die Abfindung betrug 3,1 Millionen Mark, dazu eine lebenslange Rente in Höhe von jährlich 667 000 DM (in Worten: sechshundertsiebenundsechzigtausend). Diese Regelung traf SEL in voller Kenntnis der internen Revisions- und Prüfberichte.

Das Darlehen über 2,5 Millionen Mark, mit der SEL die Kaution zur Aussetzung des Haftbefehls vorfinanziert hatte, soll von Lohr zurückbezahlt worden sein.

Im Sommer 1991 gab es vor der Hauptversammlung des Unternehmens eine Initiative des SEL-Aufsichtsrats, Schadensansprüche in Höhe von 600 000 DM gegen Lohr geltend zu machen; außerdem wollte die Firma von den Versorgungszusagen nur den Teil erfüllen, zu dem sie gesetzlich verpflichtet ist. Als der Aufsichtsratsvorsitzende Gerhard Falk diese Beschlüsse seines Gremiums den SEL-Aktionären vor Beginn der Hauptversammlung vortrug, brandete Beifall auf.

Warum aber an dieser Stelle Beifall, wo doch auch die SEL versagt hatte? Warum war keiner in der SEL und ihren Aufsichtsgremien in der Lage, Helmut Lohr Einhalt zu gebieten, als der in Ausgabenraserei verfiel?

Das Ergebnis der Bemühungen des Aufsichtsrats wird sicher zu Beginn der SEL-Hauptversammlung 1992 mitgeteilt.

Affären-Kalender

15. November 1990
In Stuttgart beginnt vor der achten Wirtschaftsstrafkammer des Landgerichts die Hauptverhandlung gegen Franziska und Helmut Lohr.

22. Dezember 1990
Pressestaatsanwalt Schmid bestätigt Ägäis-Reise '86 für 90 000 DM, abgerechnet über SEL, Reisende: die Familien Lohr und Späth, Bordarzt Ehepaar Eisenberger plus Sohn. – Staatsanwaltschaft Stuttgart informiert Staatsministerium, daß recherchiert wird.

27. Dezember 1990
Staatsministerium bestätigt Ägäis-Reise '86.

28. Dezember 1990
Erste Veröffentlichung über die Traumschiff-Affäre.

29. Dezember 1990
Baden-württembergische Zeitungen berichten über die Traumschiff-Affäre. – SPD und Grüne im Stuttgarter Landtag verlangen Untersuchungsausschuß, der auch klären soll, warum Ägäis-Reise nicht Gegenstand der Lohranklage ist. Spöri will wissen, ob »Staatsanwaltschaft als Organ der Rechtspflege noch funktionsfähig ist«. Schlauch: »Tiefpunkt in der Rechtskultur des Landes.«

3. Januar 1991
FDP verlangt einen Untersuchungsausschuß; im Lohr-Prozeß beantragen die Verteidiger, die Staatsanwälte zum Ägäis-Komplex zu hören.

4. Januar 1991
Der Reporter berichtet, daß Späth mehrfach Flugzeuge, die von Daimler-Benz bezahlt wurden, benutzt hat. – Reiterferien von Späths Tochter, die SEL übernommen hat, werden

bekannt. SPD wertet dies als »empörenden Vorgang«, Staatsministerium spricht von »infamer Verdrehung der Tatsachen«.

5. Januar 1991
Zahlreiche weitere Reisen Späths auf Kosten der Industrie,
eine weitere Ägäis-Reise 1984, ein weiterer Reiterurlaub der
Tochter Späths und eine private DDR-Reise Späths werden
bekannt; der »SPIEGEL« behauptet, Späth habe von mindestens zehn Firmen Flüge bezahlt bekommen. – FDP auf dem
Dreikönigsparteitag fordert Aufklärung; Döring will »nachboh-
ren« und bezeichnet die Vorgänge als »peinlich und instinktlos«. SPD will wissen, inwieweit Firmenflüge die Unabhängigkeit Späths beeinträchtigt hat; Spöri spricht von Justizskandal.
Staatsministerium spricht von »privaten Einladungen«.

7. Januar 1991
Rechtfertigungs-Pressekonferenz Lothar Späths. Er will alle
Reisekosten an SEL zurückzahlen; hätte er gewußt, daß SEL
zahlt, dann hätte er Lohr-Einladungen nie angenommen.
Späth-Behauptung: Private DDR-Reise an SEL per Barscheck
bezahlt, Hetzel-Urlaub in Ägypten bezahlt.

8. Januar 1991
Späth muß bestätigen, daß er 5 470 DM für DDR-Reise gegen
Scheck bar erhalten hat. Späth behauptet, das Geld der CDU
gespendet zu haben, Nachweis nicht möglich.
   Privat finanzierte Dienstreise Späths nach Wien wird be-
kannt, Dr. Strobel zahlte Flug- und Hotelkosten.

9. Januar 1991
Grüne und FDP bekräftigen Untersuchungsausschuß.

10. Januar 1991
Präsidium der baden-württembergischen CDU spricht von
»Kampagne« und stärkt seinem Landesvorsitzenden Lothar
Späth den Rücken.

11. Januar 1991
Beim Neujahrsempfang der Landesregierung erklärt Späth, er
wolle in einem Untersuchungsausschuß möglichst schnelle
Klärung der gegen ihn erhobenen Vorwürfe.

12. Januar 1991
Radio und »SPIEGEL« berichten über weitere von der Industrie bezahlte Späth-Reisen. Politiker von SPD (Dieter Spöri), FDP (Hildegard Hamm-Brücher), CDU (Roland Sauer/Paul Hoffacker) fordern erstmals direkt oder indirekt den Rücktritt Späths.

13. Januar 1991
Grünen-Fraktionschef Rezzo Schlauch fordert Rücktritt.
15 Uhr: Späth sagt in Isny vor einer Klausurtagung des CDU-Landesvorstandes: »Ich habe meine Entscheidung getroffen.«
15.45 Uhr: Späth erklärt in Isny vor CDU-Präsidiumsmitgliedern seinen Rücktritt.
18 Uhr: Im Stuttgarter Staatsministerium gibt Späth in Form einer Pressekonferenz seinen Rücktritt vom Amt des Ministerpräsidenten bekannt.

21. Mai 1991
Urteil im Lohr-Prozeß, drei Jahre Freiheitsstrafe für Helmut Lohr, 100 000 DM Geldstrafe für Franziska Lohr.

Mai 1986 – Wo ist der Ministerpräsident?

Der Mai 1986 war ein Wonnemonat. Vom 1. Mai an wollte aber keine Wonnestimmung aufkommen. Der Reporter hatte nicht mit Schönwettermeldungen zu tun, sondern mit Radioaktivität.

Tschernobyl war explodiert und hatte bis in die baden-württembergische Landespolitik gestrahlt.

Jeden Morgen um 6.00 Uhr verkündete der geplagte, damalige Umweltminister Gerhard Weiser am Telefon live über den Sender die neuesten Becquerel-Werte und die dazugehörigen praktischen und politischen Ratschläge. Kann der Verbraucher frischen Spinat essen oder nicht, soll der Sand von Kinderspielplätzen ausgetauscht werden oder nicht, sollen die baden-württembergischen Atomkraftwerke abgeschaltet werden oder nicht? Die Diskussionen überschlugen sich. Brav setzte Minister Weiser jeden Morgen ein Telefoninterview an. Es entstand eine neue Zeiteinheit für ein Interview: Ein Weiser gleich fünf Minuten.

Der Reporter fragte sich, warum von dem Ministerpräsidenten nichts zu hören war, der doch sonst bei weit weniger wichtigen Themen viel zu sagen hatte. Der Reporter suchte den Ministerpräsidenten. Er war nicht auffindbar. Das Staatsministerium sah keinen Grund, den Ministerpräsidenten interviewen zu lassen. Wütend ging der Reporter in eine Pressekonferenz des Staatsministeriums. Frage an den Regierungssprecher Matthias Kleinert: »Wo ist der Ministerpräsident?«

Kleinert verbat sich die Frage und hub an, äußerst staatstragend-außenpolitisch-diplomatisch-wichtig die Vorbereitungen des Staatsbesuches Lothar Späths bei Erich Honecker vorzutragen. Der Reporter packte sein Tonbandgerät ein und ging.

Erst fünf Jahre später wurde dem Reporter klar, wo Späth 1986 im Mai war, als die württembergische Landespolitik orientierungslos durch die Radioaktivität schlingerte. Späth schipperte in dieser Zeit mit dem Traumschiff in der Ägäis.

Falschmeldung

Rezzo Schlauch von den Grünen konnte es an diesem 22. März, Freitagabend, gegen 20.30 Uhr, einfach nicht fassen. »Ist der Herr Späth während Ihrer Zeit auch mal mit der Bundesbahn gefahren, nach Bonn?« ging er nach zehnstündiger Arbeit im Untersuchungsausschuß den Zeugen Walter Weik an; Weik seinerseits hatte seit dem 1. Juni 1988 als persönlicher Referent des Ministerpräsidenten Lothar Späth gearbeitet.

Weik beantwortete Schlauchs Frage mit einem klaren Ja. »Das war wahrscheinlich der erste Bahntermin überhaupt, oder?«, setzte Schlauch eher beiläufig nach. – Volltreffer.

»Meines Wissens ja«, erklärte der frühere Mitarbeiter des zurückgetretenen Ministerpräsidenten frei von der Leber weg. Weil dieser Bahntermin die einzige Ausnahme der üblichen Fluganreise nach Bonn war, wußte Walter Weik ganz genau Bescheid.

Es war am 13. Dezember 1990, als Lothar Späth in die Niederungen der Bundesbahn hinabsteigen mußte; es schneite kräftig, und das vorgesehene Flugzeug konnte nicht starten. Dem Transportmittel-Beschaffer des Ministerpräsidenten blieb nur der Zug. »Wir sind eineinhalb Stunden zu spät gekommen und haben dann die Leute warten lassen. Aber wir sind mit der Bundesbahn gefahren, Intercity Stuttgart–Bonn.«

Schon zuvor hatte Walter Weik schier Unglaubliches aus dem Flugleben des Lothar Späth erzählt. Als er für Späth zu arbeiten begann, bekam er zwei Grundsätze mit auf den Weg, an die er sich zu halten hatte. Erster Grundsatz: Bei den Reisen des Chefs darf nie etwas schiefgehen, und die zweite Auflage war, die Flüge sollten kostenneutral abgewickelt werden.

Am 13. Dezember 1990 war's schiefgegangen; Späth soll sehr verärgert gewesen sein.

Der Grundsatz der Kostenneutralität hat meist geklappt. Einmal nicht. Zu bewältigen war die Flugstrecke Stuttgart–Rom–Prag–Stuttgart.

Späth sollte nach Rom zu einer Sitzung der Vereinigten Regionen Europas; anschließend wollte das »World Economic Forum« den südwestdeutschen Politiker in Prag bei einer Veranstaltung haben. Das »World Economic Forum« hatte sich bereit erklärt, die Kosten für ein Privatflugzeug zu tragen, das Weik in Stuttgart chartern lassen wollte.

Und dann der Trick: »Da aber das Flugzeug sowieso aus Stuttgart kam (!) und uns in Rom abholen mußte (!) und uns dann nach Prag fliegen mußte, haben wir eben dann zum ›World Economic Forum‹ gesagt, übernehmt doch ... es ist ja praktisch ein (!) Flug, den Euer Flugzeug machen muß, übernehmt doch bitte die Kosten.«

Das wiederum wollte das »World Economic Forum« nicht und beharrte auf einer Obergrenzen-Vereinbarung. Weik: »Ich glaube, es waren 15 000 oder 16 000 DM, der Rest ging auf Kosten des Staatsministeriums.«

Walter Weik scheiterte in diesem Fall am Grundsatz der Kostenneutralität mit 240 Mark, die das Staatsministerium drauflegen mußte.

Weik verriet dem Untersuchungsausschuß die Geheimnisse eines schwäbischen Transportmittel-Beschaffers. Firmen, Verbände, Vereine, alle die Lothar Späth wollten, mußten für ein Flugzeug sorgen oder aber Flugzeuge bezahlen.

Die Methode wurde perfektioniert. Mußte Späth dienstlich irgendwo hin, dann hielt er für irgendeine Firma irgendeinen Vortrag oder eine Rede, die Firma zahlte auch die dienstliche Etappe. Rezzo Schlauch hegte da den Verdacht, daß »um rein politische Termine herum, andere Termine eingebaut wurden, um einen Flug hinzukriegen«.

Das Staatsministerium Späths hatte ein gutes Gedächtnis, wenn der Chef mit einem staatlichen Transportmittel zum Vortragseinsatz kam. Dann merkte man sich in der Villa Reitzenstein ein Flugguthaben.

So reiste Späth mit einer Bundeswehrmaschine von den Verhandlungen zum Einigungsvertrag 1990 zur Firmenveranstaltung nach Sardinien. Die Künzelsauer Firma »Würth« motivierte dort ihre Mitarbeiter und wollte Späth zur Firmen-Manager-Fortbildung nicht missen. Späth kam gerne.

»Würth« aus Künzelsau zahlte später einen Späth-Flug nach Helsinki. Weik: »Wir haben uns eben dann der Firma ›Würth‹ noch mal erinnert und sie gefragt, gebeten, ob sie in der Lage und bereit wäre, uns nach Helsinki zu fliegen, zumal die Flugzeit nach Margherita di Pula, das ist in Sardinien, sich nicht wesentlich von der nach Helsinki unterscheidet.«

Der Vorsitzende des Untersuchungsausschusses, der SPD-Abgeordnete Frieder Birzele, faßte zusammen: »Also dann haben Sie der Firma »Würth« erklärt, mit anderen Worten, da steht ja eigentlich noch eine Reise offen, und Sie könnten das jetzt bei dieser Gelegenheit für uns erledigen.« – Späths Flug-Organisator widerspricht: »Nein, so haben wir es nicht ... , wir haben höflich angefragt.« Der Untersuchungsausschuß brach bei soviel Fingerspitzengefühl in schallendes Gelächter aus.

Aber es gab auch den Fall, daß ein Veranstalter den Ministerpräsidenten Späth haben wollte und das Staatsministerium selbst ein Charterflugzeug bestellte. Auch für diesen Fall gab es klare Regeln: Die Rechnung des Flugdienstes ging im Staatsministerium ein, und Späths Sekretärin, Elfriede Menzel, fragte Weik, wer bezahle. »Ich habe ihr dann den Veranstalter genannt, dorthin ging die Rechnung, dort wurde sie auch bezahlt.«

Einen Monat später hatte Späths Sekretärin, Elfriede Menzel, vor dem Untersuchungsausschuß ihren Auftritt. Auch sie gab tiefe Einsichten in das Flugsystem des Stuttgarter Staatsministeriums frei.

Nach Darstellung der Vorzimmerdame gab es schon unter Späths Vorgänger Hans Karl Filbinger im Büro des Ministerpräsidenten ein Verzeichnis von Firmen, die bereit waren, in dringenden Fällen dem Ministerpräsidenten ein Fluggerät zur Verfügung zu stellen.

Die Liste habe sechs Helfer umfaßt: »Bosch«, »Daimler-Benz«, »Standard Elektrik Lorenz AG«, »Burda«, der Fürst zu Fürstenberg und seit 1978 auch »Blendax« mit dem Generalbevollmächtigten und Späth-Vertrauten Lothar Strobel.

Reihum wurde im Bedarfsfall telefoniert, eine Firma nach der anderen, erzählte Elfriede Menzel, um »keine der sechs Firmen zu bevorzugen«. Verkehrte Welt, aber Späths gute Seele wußte es besser: »Es war eine Ehre für die Firmen, den Herrn Ministerpräsidenten zu fliegen.«

Man habe der Landesregierung Kosten ersparen und aus Transportproblemen helfen wollen, sagte Werner Niefer, der Mercedes-Vorstandsvorsitzende vor dem Untersuchungsausschuß. Gegenleistungen seien von Daimler nicht erwartet worden.

Niefer nannte im Untersuchungsausschuß sieben Flugreisen von Mitgliedern der Landesregierung im Daimler-Fluggerät; und zwar im Zeitraum zwischen Sommer 1987 und Dezember 1990. Zwei dieser Reisen, so konnte es Niefer noch sagen, hätten zusammen 17 000 DM gekostet.

Datum	von/nach	Anlaß	Flugzeughalter/ Kennung	Bemerkungen
2.11.1981	STR/Hamburg	CDU-Bundespräsidium; Bundesparteitag	Privat-Maschine	
5.11.1981	Hamburg/STR	Rückflug Bundesparteitag	Privat-Maschine D-CARD	
6.11.1981	STR/Braunschweig/ Köln/Bonn	Vortrag Arbeitgeberverband, Braunschweig	Privat-Maschine	
	Köln/Bonn/STR	Rückflug Bundesrat	Privat-Maschine D-CARD	
23.11.1981	Köln/Bonn/STR	Rückflug nach Abendessen des Bundeskanzlers für Generalsekretär Breschnew	Fa. Daimler-Benz D-CCDB	Mitflug mit Dr. Prinz
26.11.1981	STR/Köln/Bonn	Empfang Indendant Bausch, Bonn; Bundesrat am 27.11.1981	Fa. Daimler-Benz D-CCMB	Mitflug mit B. Reuter
27.11.1981	Köln/Bonn/Marbella	Privatreise	Fa. Pegasus D-JNEF	Mitflug mit B. Schlaspp
29.11.1981	/STR		Charter-Maschine D-JNEF	
2.12.1981	STR/Köln/Bonn	Vermittlungsausschuß, Vorbesprechung	Fa. Bosch HB-VGG	Terminplan unstimmig (PBS)
7.12.1981	STR/Köln/Bonn	Fortsetzung Vermittlungsausschuß	Fa. Daimler-Benz D-CCDB	
8.12.1981	STR/Bukarest	Rumänien-Reise bis 11.12.1981	Charter-Maschine D-CONU	
11.12.1981	Bukarest/STR	Rückflug Rumänien-Reise		

98

Datum	von/nach	Anlaß	Flugzeughalter/Kennung	Bemerkungen
27.6.1989	STR/Wien/STR	Gespräch Vizekanzler Riegler; Vortragsveranstaltung 2-jähriges Erscheinen von OPTION	Contact-Air Lear-Jet 25	Veranstalter OPTION
7.8.1989	Singapur	Privat-Reise mit dienstl. Einschlag		Mitflug mit Dr. Strobel
9.8.1989	STR/Hamburg/STR	Redaktionsbesuch "Bild der Frau"	Beach 200 DIKRA	Veranstalter
3.10.1989	Friedrichshafen/Bonn		Citation D-IANE	
	Köln/Bonn/Kiel/STR	Eröffnung Unternehmertag, Kiel	Citation	Veranstalter
5.10.1989	STR/Budapest/STR	Ungarn-Kredit des Landes	Privatmaschine D-CCDB	Mitflug Fa. Daimler-Benz
6.10.1989	Frankfurt/STR	Vortrag Jahresversammlung Bundesverband Junger Unternehmer		
11.10.1989	STR/Hamburg	Veranstaltung der Norddeutschen Industrie- und Handelskammern	Charter Maschine D-IKES	Veranstalter
			Charter-Maschine D-CHEF	HÖL (DM 10.659,-- von Veranstalter; Rest HÖL)
16.10.1989	STR/Lübeck	Malenter Symposium "Ost-West-Handel"	Lear-Jet D-CJRS	Veranstalter Fa. Dräger
17.10.1989	Lübeck/STR		Lear-Jet D-CCPD	Veranstalter Fa. Dräger

Vertraulicher Bericht des Staatsministeriums an Untersuchungsausschuß über Späth-Reisen

Über Späth-Flüge vor 1987 konnte Niefer keine Auskunft geben, weil es darüber keine Aufzeichnungen und Unterlagen mehr gebe, worauf Niefer aus dem Untersuchungsausschuß den Zwischenruf erntete, in diesem Fall sei Daimler »ein Sauladen«.

Auf Veranlassung des Späth-Freundes war die Mainzer Zahnpastafirma »Blendax« ins Flug-Sponsoring für den baden-württembergischen Ministerpräsidenten eingestiegen. Von 1980 bis 1987, so versuchte Strobel dem Untersuchungsausschuß weiszumachen, habe »Blendax« für Späths Flugbewegungen mindestens 120 000 DM, eventuell auch doppelt so viel, aufgewendet. Der SPD-Ausschuß-Vorsitzende Frieder Birzele errechnete demgegenüber mindestens 520 000 DM.

Warum zahlte »Blendax« Späth Flüge? Strobel erklärte: »Das war eine unternehmerische Entscheidung von mir, daß das ein Vorteil wäre.«

Selber einen Charterflug bezahlt hatte das Staatsministerium höchstens zweimal, seit Späth Regierungschef geworden sei, so die Erklärung der Späth-Sekretärin Elfriede Menzel vor dem Ausschuß.

Lothar Späth hatte während seiner Amtszeit die Übernahme von Reisekosten durch die Wirtschaft nicht nur geduldet, sondern sogar gefordert. Dies belegte eine 65 Seiten starke Akte, die dem Reporter zugespielt worden war. »Es war Ziel«, so heißt es in dem Ordner, »den Reisekosten-Etat des Staatsministeriums mit seinen begrenzten Mitteln möglichst zu entlasten.«

Die Auflistung der Späth-Flüge war von der neuen Regierung unter Erwin Teufel für den Untersuchungsausschuß erstellt worden. Die Flüge auf Kosten der Wirtschaft führten Lothar Späth nicht nur zu den Firmenveranstaltungen, sondern auch zu CDU-Parteitagen und zu dienstlichen Terminen wie Bundesratssitzungen und Ministerpräsidenten-Konferenzen.

Der Reporter machte eine Falschmeldung. Nicht bewußt, aber falsch. Ein Kollege hatte ihn während des Zählvorgangs der Flüge etwas gefragt, und er war in die falschen Hunderter gerutscht. Der Reporter wollte großzügig abrunden und vermeldete 550 Flüge; nach Tagen wurde er darauf aufmerksam: Es waren ganz genau 461. Noch lange tauchte die Zahl 550 in manchen Veröffentlichungen auf.

Lothar Späth störte das wenig. Er lehnte sich am Punkt Firmenflüge im Untersuchungsausschuß betont lässig am Stuhl zurück, beide Hände in die Hosentaschen gestemmt. Nicht er, sondern sein Büro habe die Firmenjets, egal woher und wofür, beigeschafft. »Ich bin immer davon ausgegangen, die wissen wie's geht«, spielte Späth den Naiven. Er sei halt geflogen »mit dem, was da war«.

Abhängigkeiten habe es deshalb keine gegeben, erklärte der Ministerpräsident a. D. und ging bei seiner ersten Aussage vor dem Späth-Untersuchungsausschuß zum Gegenangriff über. »Nach zwölf Jahren, in denen ich für dieses Land erfolgreich Wirtschaftspolitik gemacht habe, können Sie nicht erwarten, daß ich jetzt bedauernd sage, es sei alles falsch gewesen. Nein, ich bekenne mich zu meiner Amtsführung. Das war der Stil, der Baden-Württemberg überall positiv bekannt gemacht hat.«

Ganz ähnliche Töne hatte der Reporter schon einmal gehört. Wenige hundert Meter vom Stuttgarter Landtag entfernt. Ein Angeklagter redete so im Stuttgarter Landgericht, im Lohr-Prozeß.

Berührungsängste, so der Zeuge Späth, zwischen Politik und Wirtschaft dürfe es nicht geben. Späths Credo, so legte er es dem Untersuchungsausschuß dar: »Ich habe Firmenflugzeuge benutzt und Einladungen akzeptiert, um Gespräche dort zu führen, wo die mir wichtigen Leute anzutreffen waren; sei es bei Veranstaltungen und Konferenzen, in Büros und Amtsstuben, in Flugzeugen, auf Schiffen und anderswo. Dafür stehe ich gerade.«

Er gebe zu, so der Selbstdarsteller Späth, daß er sich gelegentlich geärgert habe, wenn andere, vor allem die Bayern, schneller gewesen seien als er. Fragen nach Selbstzweifeln wich er aus, und Späth als Zeuge will auf die Vorwürfe und Gründe, die zu seinem Rücktritt führten, gar nicht erst eingehen. Zweifel an seiner Unabhängigkeit wertet er als böswillige Unterstellung, schon die Fragestellung empfindet er unerhört.

Dafür strickte Lothar Späth an seiner Legende. Baden-Württemberg drohte der Fall in tiefe Provinzialität und wirtschaftliche Bedeutungslosigkeit; er spielte das unverstandene Wirtschaftsgenie, das von Pharisäern, Heuchlern und Neidhammeln zu Fall gebracht worden ist.

Seine ganze Aufopferung für sein Land veranschaulicht Späth in einer Zahl. 40 000 Termine habe er in der zwölfjährigen Amtszeit für sein Baden-Württemberg wahrgenommen. Schon deshalb, und das dient ihm als Argument, um unbequemen Fragen auszuweichen, nimmt er angesichts solchen Engagements Erinnerungslücken für sich in Anspruch. Der fliegende Ministerpräsident wertete die Kosten, die die Firmen für seine Reisen bezahlten, als »Zuwendung an das Land« und als »Imagekosten«. So habe er dem Land Kosten erspart.

Immer wieder verwies der Zeuge auf sein unternehmerisches Verständnis von Politik, als »Türöffner« der heimischen Wirtschaft, der sich dem Wohlstand der Menschen in diesem Land verpflichtet habe.

Späth nannte bei seinem ersten Auftritt vor dem Untersuchungsausschuß auch neue Reisen, die er gemacht habe und die bis dahin der Öffentlichkeit nicht bekannt waren. Er kredenzte dem staunenden Publikum ein gänzlich neues Urlaubs-Genre: Die Privatreise mit dienstlichem Einschlag.

So war Späth 1979 mit dem nordbadischen Baulöwen und persönlichen Freund Hans Schlampp in Südamerika unterwegs; in Peru nahm er dann an der Einsetzung des neuen Präsidenten teil. Auf Einladung des früheren Vorsitzenden des Zentralrats der Juden, Werner Nachmann, flog Späth nach Israel. Mit »SÜBA«-Schlampp und »Blendax«-Strobel ging's 1982 nach Texas; dort Frühstück mit Bundeskanzler Helmut Schmidt; von da aus Richtung Philippinen, Indonesien, Malaysia. Im April 1983 mit Helmut Lohr nach New York; dort Gespräch mit Caspar Weinberger. 1984 mit Schlampp in Hongkong und Macao. August 1987 durchs Mittelmeer auf der Jacht von Herzog Carl von Württemberg. Nepal, Kambodscha, Irland und Mexiko, das waren weitere Stationen, die Späth nannte. Wer bezahlt hatte? – »Fragen Sie den Gastgeber!« Späth wußte es nicht zu sagen.

Monte Vibiano

Die ersten vier Wochen der Sommerferien 1989 waren für den Stuttgarter Kaufmann Bernhard Pooth eine unruhige Zeit. Pooth hat sich in jüngster Vergangenheit mit einem italienischen Reiseveranstalter beschäftigt, der mit exklusivsten Schloß- und Villen-Urlauben auf den deutschen Markt kommen wollte.

Pooths Aufgabe war es, die teuren Nobelreisen in den Reise-
büros einzuführen, zunächst allerdings erfüllte Pooth zusammen mit seiner Ehefrau selber Reisebürofunktion. Am Beginn
der Zusammenarbeit mit dem italienischen Veranstalter wurden Exklusivreisen über Pooth, Stuttgart, gebucht.

Im August 1989 waren Gäste Bernhard Pooths in einem
außergewöhnlich vornehmen Anwesen in der Nähe, 25 Kilo-
meter, von Perugia. Runde 60 000 DM hatte die Urlaubsbu-
chung angeblich ausgemacht, weil die schwäbischen Urlauber
gleich das ganze Schloß für sich haben wollten. Prospekttext:
»Das ideale Objekt für einen Erholungsurlaub in exklusivem
Rahmen.«

Mit Mühe offenbar nur konnte sich die vertraute Urlaubsgesellschaft mit einem gut situiertem Hamburger Ehepaar abfin-
den, das vor den Schwaben gebucht hatte.

Behelligt wurde Bernhard Pooth, so seine Aussage vor dem
Späth-Untersuchungsausschuß, vom Besitzer des Schlosses,
einem vornehmen, traditionsreichen, italienischen Principe;
der Fürst beschwerte sich über die Gäste, und Pooth mußte ver-
mittelnd eingreifen. Der Mann war nahe daran, selber nach
Monte Vibiano zu fahren, obwohl er doch bloß Vertreter der
Florentiner Firma gewesen war.

Dabei wußte Pooth, so seine Aussage, anfangs gar nicht, daß
die Familie Späth mit den Familien Kunz und Aurenz reisen
wollte. Weil aber schon bei der Buchung durch die Unterneh-
mersgattin Annelie Kunz über Unterbringung von Sicherheits-
kräften und Begleitschutz nachgedacht wurde, sei ihm, Pooth,
klar gewesen, daß es sich um eine »herausragende Persönlich-
keit« handeln mußte, die mit urlauben sollte.

Später habe Annelie Kunz dann offen vom »Landesvater«
gesprochen, ohne ihn allerdings beim Namen zu nennen.

Nach Darstellung des Kaufmanns war der italienische Fürst
stark verstimmt über die Urlauber aus Schwaben; auch war sich
der Principe, der sich mit deutscher Politik nicht sonderlich aus-
gekannt habe, unklar über die politische Bedeutung seines
Gastes auf Monte Vibiano. Der Fürst fragte nach, ob es sich tatsächlich um den nächsten deutschen Bundeskanzler handele.
Was den Adligen schmerzte, war, wie sich die Deutschen auf-
führten. Pooth hörte telefonisch aus Umbrien, daß Späths
Sicherheitskräfte sogar vor »Leibesvisitationen« des Personals
nicht zurückschreckten. Der Principe fühlte sich an die deut-

sche Besetzung seines Anwesens nach dem Mussolini-Putsch 1943 erinnert.

Aber auch bei den Urlaubern war nicht alles zur vollsten Zufriedenheit. Was Wasserleitungen und Sanitäres anging, so beschwerte sich Frau Kunz bei Pooth, sei man vom Vorjahr an der Cote d'Azur besseres gewohnt, und dort seien die Kosten genauso gewesen.

Die Rechnung von angeblich insgesamt 60 000 DM zahlte Annelie Kunz an Pooth. Laut Pooth habe Frau Kunz ihn aber gebeten, für die Sicherheitskräfte und Leibwächter eine gesonderte Rechnung in Höhe von 10 000 DM auszustellen, die dann im Stuttgarter Staatsministerium eingereicht werden sollte.

Die CDU im Späth-Untersuchungsausschuß präsentierte im Anschluß an Pooths Aussage eine Rechnung, nach der für die Sicherheitskräfte entgegen Pooths Angaben nur 6 624 DM aufgewendet worden seien. Peter Straub, der CDU-Obmann erklärte, man müsse nun prüfen, inwieweit insgesamt die Glaubwürdigkeit des Zeugen gegeben sei.

Nach Ansicht Straubs war der Auftritt von Annelie Kunz vor dem Späth-Ausschuß sicherlich glaubwürdiger. Die Witwe des um die Jahreswende verstorbenen Unternehmers, Rudolf Kunz, nahm zwei Wochen nach Pooths Aussage zum Thema »Monte Vibiano« Stellung.

Pooth, so Frau Kunz, habe in allen Punkten die Unwahrheit gesagt. Die Kosten für den gemeinsamen Italienurlaub von 48 000 DM habe ihr Mann vorausgelegt, das Verhältnis zum Fürsten und zum Personal sei herzlich gewesen, und es sei selbstverständlich, daß Späth seinen Anteil bezahlt habe.

Dabei war Annelie Kunz freilich nicht, als abgerechnet wurde. Und Annelie Kunz ließ sich einen kleinen Ausweg offen. Sie erzählt etwas, bei dem auch der Reporter Hemmungen hat, es niederzuschreiben, aber es ist wichtig.

Sie sei sehr lange sehr, sehr krank gewesen, sagt Frau Kunz. Und gerade vor dem Urlaub auf Monte Vibiano sei sie wieder gesund geworden. Ihr verstorbender Mann sei damals so glücklich gewesen, daß er auf Monte Vibiano vor lauter Lebensfreude ausgerufen habe: »Kinder, wißt Ihr was, ich lade Euch zu diesem Urlaub alle ein!« – Die Herren Späth und Aurenz hätten selbstverständlich entschieden abgelehnt. Ob Späth tatsächlich bezahlt hat, das kann die Unternehmerswitwe mit letzter Sicherheit nicht sagen. Aber es ist ja selbstverständlich.

Monte Vibiano

Monte Vibiano ist eine traumhafte Villa, die von einem
wunderschönen Park mit Pool und Tennisplatz umgeben ist.
Sie liegt zuoberst auf einem Hügel oberhalb von Perugia, in
der Region Umbrien, dem Herzen Italiens. Ihre
dominierende Lage bietet eine unvergleichliche Aussicht auf
die umliegenden Dörfer, auf Perugia (25 km), und bei klarer
Sicht sogar bis hin zur Geburtsstätte des Heiligen Franz von
Assisi (40 km). Die Ruhe und die schöne Umgebung
machen aus Monte Vibiano das ideale Objekt für einen
Erholungsurlaub in exklusivem Rahmen, ihre Lage lädt zu
vielen interessanten Ausflügen ein.

Unser Angebot besteht aus 6 Doppelzimmern mit Bad: die
maximal 12 Gäste teilen die Villa mit dem Besitzer, wobei
ihnen alles gemeinsam mit diesem zur Verfügung steht.
Dazu gehören auch alle Getränke, wann immer sie wollen,
Wein und Sekt, die auf den Ländereien nur für den Besitzer
und seine Gäste produziert werden, und eine unverfälschte,
ausgezeichnete Küche mit Gemüse und Früchten aus
eigenem biologischem Anbau. Monte Vibiano ist einzigartig,
weil es den diskreten Charme einer privaten Villa und seiner
Bewohner verbindet mit dem Service eines Luxushotels.

Auszug aus dem Prospekt »Monte Vibiano«

Schlagzeile einer baden-württembergischen Zeitung: »Späth hat Urlaub selbst bezahlt«.

Der getreue Hartmut

Hartmut Reichl hatte unter Lothar Späth Karriere gemacht. Unter Späth avancierte er zum stellvertretenden Regierungssprecher von Baden-Württemberg. Es schien einen Menschen auf der Welt zu geben, den er bewunderte: Lothar Späth.

Die Arbeit im Stuttgarter Staatsministerium erfüllte Reichl mit Hingabe. Arbeitszeitordnung, Samstag, Sonntag oder Feiertag, das alles existierte nicht für Harmut Reichl.

Die Gespräche des Reporters mit Reichl nach Beginn der Traumschiff-Affäre waren unterkühlt; nach Späths Rücktritt beobachtete Reichl oft den Verlauf des Untersuchungsausschusses »Unabhängigkeit von Regierungsmitgliedern und Strafverfolgungsbehörden«.

Dann ging Reichl mit seinem Herrn nach Thüringen. Dort arbeitete Lothar Späth nicht nur als Chef und Vorstandsvorsitzender der »Jenoptik«, sondern er ist auch Berater des thüringischen Ministerpräsidenten Josef Duchac. Deshalb stimmte das Staatsministerium der Regierung Teufel auch Reichls Transfer nach Erfurt zu.

Reichls Chef hieß deshalb im Herbst 1991 Josef Duchac; er selber schien sich immer noch lieber in der Nähe seines früheren Chefs Lothar Späth aufzuhalten und auch für ihn zu arbeiten.

Die Maultaschen-Connection arbeitete weiter. Reichl, der B-3-Beamte, für den Baden-Württemberg monatlich rund 12 000 DM bezahlt, fungierte de facto als Büroleiter von Späth in Jena.

Im November 1991 wurde bekannt, daß der baden-württembergische Beamte sich sogar als offizieller Vertreter der Firma seines früheren Chefs ausweist – und zwar mit einer Visitenkarte als »General Manager« der von Späth geführten »Jenoptik Carl Zeiss Jena GmbH«.

Das Stuttgarter Staatsministerium mußte Reichl einen Brief schreiben; ein Mahnschreiben, in dem klargestellt wurde, was Reichl durfte und was nicht. Wiederholt wurde festgestellt, daß Reichl direkt dem Erfurter Ministerpräsidenten zugeordnet war.

Visitenkarte von Hartmut Reichl

Für das Stuttgarter Staatsministerium war jedenfalls klar: Ein Landesbeamter kann nicht Repräsentant einer Firma sein. Auch wenn der zurückgetretene Ministerpräsident inzwischen Chef dieser Firma sein sollte.

Späth wollte Reichl immer haben. So wurde der stellvertretende Regierungssprecher im Januar 1991 auf Vorschlag Späths tätig, um die Abwicklung der Ministerpräsidenten-Tätigkeit zu erledigen. Auch Reichls Ruf nach Thüringen war von Lothar Späth veranlaßt worden.

Elefanten, Hasen und Filderkraut

Maultaschen und Filderkraut sind eine schwäbische Spezialität. Für Filderkraut gibt es einen schwäbischen Spezialisten. Der heißt Manz und sitzt in Filderstadt-Bernhausen. Spezialist Manz ist derart spezialisiert, daß sich der Wirtschaftskontrolldienst schwer tat und auch weiterhin tun wird.

»Ostblockware« diagnostizierte der WKD mehrfach messerscharf bei Hausdurchsuchungen des Sauerkrautkönigs, wobei die Firma suggerierte, daß es sich um Filderkraut handelte. WKD-Chef Gerhard Schiffler war am Verzweifeln. Manz ließ in Polen und Ungarn billig Kraut einschneiden und zu Konser-

107

ven verarbeiten; hierzulande verkaufte er die Importware mit dem Etikett »Aus dem Hause Manz«.

Schiffler konnte Manz nicht beikommen; der Etikettenschwindel schien nicht justitiabel zu sein; wenigstens mochte sich kein Staatsanwalt bisher erwärmen, konsequent dagegen vorzugehen.

Manz war aber nicht bloß ein gerissener Geschäftsmann, Manz war auch ein Betrüger. Dies kann so gesagt werden, weil er am 20. Mai 1988 wegen fortgesetzten Betrugs und Subventionsbetrugs zu einer Freiheitsstrafe von fünf Jahren und neun Monaten verurteilt worden ist.

In rund 200 Subventionsanträgen hatte der Filderkraut-König Hermann Manz förderungsfähige Investitionen von 17,9 Millionen Mark in Brüssel und Stuttgart geltend gemacht – 13,1 Millionen Mark davon waren nach den Erkenntnissen des Landgerichts Stuttgart nur vorgetäuscht.

Dadurch entstanden Hermann Manz große Vorteile: Die zu Unrecht gewährten Gelder beziffern sich auf sechs Millionen Mark bei Bundes- und Landesmitteln und auf 2,5 Millionen Mark aus Mitteln der Europäischen Gemeinschaft.

Dafür stellte Hermann Manz den Delegierten des CDU-Parteitages auch schon mal ein Döschen Kraut als Willkommensgruß auf den Parteitagstisch.

Hermann Manz war gerissen, wobei man sich wundern mußte, daß seine Tricks funktionierten. Nur ein Beispiel: Am 29. März 1972 beantragte Manz Zuschüsse für den Bau einer Gemüse-Einlagerungshalle mit Lager- und Transporteinrichtungen, Abkippanlagen, Förderbändern und Spezialpaletten. 6,4 Millionen Mark sollte laut Antrag das zweigeschossige Gebäude mit Kühlhalle kosten.

In Wirklichkeit dachte Manz nie daran, zweigeschossig zu bauen. Manz baute eine spartanische, eingeschossige Halle, in der Konserven eingelagert werden konnten; Kühleinrichtungen wurden überhaupt nie eingebaut. Die Baukosten beliefen sich nicht auf 6,4 Millionen Mark, sondern auf 960 000 DM plus 200 000 DM für Baunebenkosten und Außenanlagen.

Auch bei den Baubehörden war stets nur der Bau einer Konserven-Lagerhalle beantragt worden. Aber ein leitender Angestellter einer großen Baufirma fertigte Manz Teil- und Schlußrechnungen für die große Halle, so daß Manz Baufortschritte dokumentieren konnte.

Auch andere Unternehmungen stellten Manz gefälligkeits-halber fiktive Rechnungen aus. Manz leistete sich eine zweite, fingierte Buchführung, um auf Subventions-Raubzug gehen zu können.

Nach Auffassung des Vorsitzenden Richters im Manz-Ver-fahren waren Rechnungen nur in Ausnahmefällen echt. Aber selbst dann stimmte meist irgend etwas nicht: etwa das subven-tionsfähige »Spezialfahrzeug«, das sich als normaler Lkw her-ausstellte, der nicht förderfähig war. Hier hatte Manz zwar eine echte Rechnung über 88 178 DM, aber einen Rabatt von 15 874 DM hatte er verschwiegen.

Manz täuschte Geldbewegungen vor und operierte mit Bele-gen renommierter Firmen, sein Netzwerk war nicht leicht zu durchschauen.

Allerdings fiel Vertretern des Regierungspräsidiums Stutt-gart und des Landwirtschaftsministeriums doch noch auf, daß die Halle nicht zweigeschossig gebaut worden war. Manz wischte die behördlichen Zweifel mit einem Brief vom Tisch: »Wegen wasserführender Lias alpha-Schichten« sei es erforder-lich gewesen, die Planung zu ändern; wegen der seitlichen Erweiterung hätten sich aber weder der umbaute Raum noch die Gesamtkosten geändert.

Dies war aber erst der Anfang; Manz entwickelte sich im Laufe der Jahre zum Subventionsfachmann; keiner wußte bes-ser, wie man an Fördermittel von Bund, Land und Europa kam. Keiner wußte besser, wie man sich das Geld ergaunern konnte.

Manz bekam viel Routine, und er wurde immer dreister. Bis im Januar 1982 der Betriebsprüfer kam. Der stellte fest, daß der Firma »Manz« Subventionen gewährt worden waren, die über dem lagen, was er aufgrund seiner Unterlagen für möglich gehalten hatte.

Am 22. März 1982 wurde Hermann Manz im Rahmen der Schlußbesprechung der Verdacht des Subventionsbetruges mit-geteilt. Richter Martin Krause in seiner Urteilsbegründung: »Er brach in Tränen aus.«

Dann aber vertraute Hermann Manz auf Lothar Späth; von beiden war bekannt, daß sie zusammen Skat spielten. Richter Martin Krause formulierte es in seinem Urteilsspruch so: »Wenig später aber wandte er (Manz) sich an das Staatsministe-rium, um mit seinen politischen Beziehungen die Ermittlun-gen zu verhindern oder zu erschweren. Das Staatsministerium

Rechtskräftig
seit 13.Juni 1988
                              2 8. Sep. 1988
Stuttgart, den
Urkundsbeamter der Geschäftsstelle
des Landgerichts

                    (Beck) JOS.

Landgericht Stuttgart

Im Namen des Volkes
Urteil

Strafsache gegen

den am 18.2.1938 in Stuttgart geborenen,
Pulsstr. 35, 7024 Filderstadt-Bernhausen
wohnhaften, verheirateten Kaufmann

Hermann   M a n z

-z.Zt. in Untersuchungshaft in der
Vollzugsanstalt Stuttgart-

wegen fortges. Betrugs u.a.

Die 11. Große Strafkammer -Wirtschaftsstrafkammer- des
Landgerichts Stuttgart hat in der Hauptverhandlung vom
22.4.1987 mit Fortsetzung am 23.4., 27.4., 28.4., 4.5.,
11.5., 13.5., 18.5., 20.5., 29.5., 9.6., 12.6., 15.6.,
22.6., 29.6., 1.7., 6.7., 10.7., 10.8., 12.8., 17.8.,
20.8., 24.8., 26.8., 31.8., 2.9., 9.9., 17.9., 23.9.,
5.10., 9.10., 19.10., 29.10., 2.11., 4.11., 9.11., 11.11.,
16.11., 23.11., 27.11., 2.12., 9.12., 17.12., 22.12.1987,
4.1., 11.1., 20.1., 25.1., 1.2., 12.2., 22.2., 26.2., 29.2.,
2.3., 7.3., 14.3., 17.3., 23.3., 30.3., 11.4., 18.4., 25.4.,
27.4., 2.5., 9.5., 13.5. und 20.5.1988, an der teilgenommen
haben

110

über denjenigen lagen, die er aufgrund seiner Prüfung feststellen konnte. Er wandte sich daraufhin an das bei den Subventionsgewährungen eingeschaltete Regierungspräsidium Stuttgart und ließ sich die Anträge und Kostenabrechnungen der Fa. Manz vorlegen. Ein Vergleich der darin enthaltenen Angaben mit den Buchhaltungsunterlagen der Fa. Manz ergab erhebliche Differenzen. Durchweg konnte festgestellt werden, daß im Zuschußverfahren für Investitionen höhere Ausgaben behauptet wurden, als tatsächlich angefallen waren. Nach einer vorläufigen Berechnung des Betriebsprüfers waren der Fa. Manz allein für die Jahre 1975 bis 1980 öffentliche Mittel in Höhe von rund 2 Mio. DM zu Unrecht gewährt worden. Im Rahmen der Schlußbesprechung am 22.3.1982 wurde der Angeklagte auf den Verdacht des Subventionsbetrugs hingewiesen. Er brach in Tränen aus.

Wenig später aber wandte er sich an das Staatsministerium, um mit seinen politischen Beziehungen die Ermittlungen zu verhindern oder zu erschweren. Das Staatsministerium erinnerte daraufhin prompt das federführende Finanzministerium daran, an die Arbeitsplätze in der Fa. Manz zu denken und besonders sorgfältig zu erwägen, ob und wie ermittelt werden soll.

Auszug aus dem Urteil des Landgerichts Stuttgart vom 28. September 1988 erinnerte daraufhin prompt das federführende Finanzministerium daran, an die Arbeitsplätze in der Firma »Manz« zu denken und besonders sorgfältig zu erwägen, ob und wie ermittelt werden soll.«

Was dann passierte, gehört zu den vielen Einmaligkeiten, die im Zuge der Arbeit des Späth-Untersuchungssausschusses ans Licht gebracht wurden. Richter Martin Krause nannte das »die Elefantenrunde«.

Führende Vertreter aus dem Finanz- und Landwirtschaftsministerium diskutierten mit dem leitenden Oberstaatsanwalt die Lage. »Ein solcher Hinweis bei solch dringendem Tatverdacht, hätte ich mir nie vorstellen können«, sagte Richter Krause.

Trotz dieses dringenden Tatverdachts wurde das Verfahren nach Auffassung des Richters verschleppt. Ein halbes Jahr früher hätten die Ermittlungsakten der Staatsanwaltschaft vorliegen können, meinte Krause vor dem Späth-Untersuchungsausschuß. Manz hatte dadurch wenigstens noch Zeit gewonnen.

Vor dem Späth-Untersuchungsausschuß beteuerten die Elefanten, daß sie keine Elefanten gewesen seien, sondern Hasen. Eine »scheue Hasenrunde«; der Vertreter des Landwirtschaftsministeriums habe um die Kraut-Arbeitsplätze auf den Fildern gezittert und um seine Landwirte, die im Auftragsanbau von Manz abhängig waren; in einer ähnlichen Zwickmühle sei der Vertreter des Finanzministeriums gewesen; und der leitende Oberstaatsanwalt, dem sei sowieso klar gewesen, daß ermittelt werden müsse. Es sei also nichts Unrechtes geschehen; aber solche Elefantenrunden gab es niemals vorher und niemals nachher wieder.

Die Sonne der Landesregierung schien immer sehr warm auf die Firma »Manz«, sagte die Konkurrenz auf den Fildern. Die Landesregierung gratulierte Hermann Manz noch drei Monate vor Ende seiner Hauptverhandlung zum 50. Geburtstag, als sich die schwere Verurteilung schon abzeichnete. Wirtschaftsminister Martin Herzog wurde in der Filderhalle von Leinfelden gesichtet, als vom Sauerkrautkönig ein gewaltiges Fest ausgerichtet wurde.

Richter Krause hatte sein Urteil gegen Hermann Manz am 20. Mai 1988 mit folgendem Schlußsatz geschlossen: »Aufgrund des Gesamteindrucks, den der Angeklagte während der 13 Monate andauernden Hauptverhandlung gemacht hat und auch der Tatsache, daß er zwischenzeitlich seine strafrechtliche Schuld und auch die Rückforderungsansprüche der Subventionsbehörden im wesentlichen anerkennt und sich ernsthaft um eine Schadenswiedergutmachung bemüht, befürwortet die Strafkammer einen gelockerten Vollzug in absehbarer Zeit«.

Fünf Jahre und neun Monate lautete das Urteil gegen den Sauerkrautkönig. Zehn Monate nach dem Spruch wurde Hermann Manz bereits wieder im Garten seines stattlichen Anwesens in Filderstadt-Bernhausen gesehen. Karfreitag 1989 in der Bernhäuser Pulsstraße: Zuerst versuchte sich Hermann Manz noch zu verbergen, dann aber zeigte er sich immer öfter und scheute auch nicht mehr die Blicke der Nachbarn.

Der Leiter der Justizvollzugsanstalt Ulm bestätigte dem Reporter im Frühjahr 1989, daß Manz Ausgang habe. Auf die Frage, was das bedeute, sagt der Anstaltsleiter: »Er hat an bestimmten Tagen die Möglichkeit, die Anstalt zu verlassen.« Freigänger, so war damals zu hören, sei Manz noch nicht. Und über Ostern, da habe Manz Urlaub.

Richter Martin Krause fiel da nur das ein, was Manz mit seinem Ostblockkraut zu machen pflegte: »Etikettenschwindel.«

Die Opposition im Stuttgarter Landtag griff die Manz-Recherche des Reporters auf und erkundigte sich mit einer kleinen Anfrage nach einem Pilotprojekt zur »vorzeitigen Resozialisierung«, erhielt aber vom Stuttgarter Justizministerium eine Abfuhr; auch im Fall Manz sei alles normal.

Der Leiter einer anderen baden-württembergischen Justizvollzugsanstalt machte eine andere Rechnung auf: Normalerweise könne man davon ausgehen, daß Manz bei guter Führung zwei Drittel seiner Strafe verbüßen müsse; bei fünf Jahren und neun Monaten mache das 46 Monate. Zwei Jahre vorher könne man frühestens mit Lockerungen beginnen – nach 22 Monaten Haft und nicht nach zehn.

Er mußte keine zwei Drittel seiner Strafe absitzen. Am 10. Oktober 1991 wurde Hermann Manz, der Skatbruder, aus der Haft entlassen.

Die Fernseh-Affäre

Wie der baden-württembergische Justizminister einen korrupten Richter spielte

Im Schwäbischen frönen viele Hausfrauen einer heimlichen Leidenschaft: dem Fabrikverkauf. Diese Art von Geschäft ist nämlich was »Günschtiges«. Soll heißen, da kann man Geld sparen. Und das geht so: Wo es zwischen Neckar, Donau und Alb so viele Fabriken gibt, die an ihre Betriebsangehörigen billiger verkaufen, muß man als pfiffige Hausfrau versuchen, auch dort einzukaufen.

Manche Fabrikverkäufe sind schon weltweit bekannt. Zum Beispiel der Fabrikverkauf der Bekleidungsfirma »BOSS« in Metzingen. Dort kaufen kaum noch Betriebsangehörige, sondern alle, die meinen, sie müßten etwas haben, das sie sich im Normalfall nicht leisten können oder weil sie zwanghaft etwas Günstiges einkaufen müssen. Zumindest nicht im Normalladen. Manchmal kaufen sie im Fabrikverkauf unnötig viel oder etwas viel zu Aufwendiges, das aber dann verbilligt so teuer ist, wie etwas Normales im Ladengeschäft. Hausfrauen, die im Neckartal beim Kaffeeklatsch über Fabrikverkäufe diskutieren, sind jedoch ständig an neuen Adressen und exotischen Fabriken interessiert. Wer kennt einen Fabrikverkauf für Töpfe, für Strümpfe, für Bademäntel? Das sind die wahrlich wichtigen Fragen des Alltags.

Kein Wunder, schreibt zur Zeit ein Rundfunkredakteur für Verbraucherfragen ein Buch über den Fabrikverkauf in Baden-Württemberg. Es wird bestimmt ein Bestseller.

Schade, daß es das Buch 1984 noch nicht gab, denn da saß der baden-württembergische Justizminister Heinz Eyrich zusammen mit seinen Referenten in Bonn und in der baden-württembergischen Landesvertretung und hatte ein Problem. Sein Problem war nicht, wie er die Planstellen in der Justizverwaltung schaffen sollte, um die Parteispenden-Prozesse abzuwickeln, damit die Anklagepunkte nicht verfallen. Nein, der Justizminister hatte ein alltägliches Problem, nur vergleichbar mit dem Problem der Hausfrauen im Neckartal: Wie komme ich »günschtig« an einen Fernseher?

Eine hochbezahlte Beamtenrunde von Spitzenjuristen machte sich in der Stuttgarter Landesvertretung zu Bonn Gedanken, wie man dem Justizminister einen günstigen Rabatt bei der Beschaffung eines privaten Fernsehers zuschanzen könnte. Einem Referenten – ganz sicher ist er inzwischen befördert worden – fiel der Name des SEL-Chefs Helmut Lohr ein. Wahrscheinlich hatte er schon einmal mitbekommen, daß Lohr auch in Wirtschaftsdelegationen des Ministerpräsidenten mitgereist war oder daß Lohr und Späth befreundet waren. Aber er muß auch gewußt haben, daß Lohr freigiebig ist. Leider ist auch im Untersuchungsausschuß nicht herausgekommen, wer den heißen Lohr-Tip gab und woher er von der günstigen Einkaufsquelle wußte. Immerhin zeigte sich Helmut Lohr im Untersuchungsausschuß reichlich amüsiert über die Einkaufswünsche des Justizministers, sogar ein bißchen Verachtung war aus Lohrs Aussage über den rabattwütigen Justizminister herauszuhören. Verachtung oder nicht, Lohr wußte, wie er zu reagieren hatte. Er verhielt sich nicht so wie der Chef eines kleinen schwäbischen Betriebes bei dem Fabrikverkauf mit seinen Rabatten, sondern eben wie der Chef eines weltläufigen Unternehmens: Er ließ den Fernseher von der Freiburger SEL-Filiale in das Privathaus von Eyrich liefern, zum Nulltarif. Eyrich machte zwar nach eigenen Aussagen noch einige Versuche, eine Rechnung zu bekommen, selbst bei einem Empfang im Justizministerium sprach er mit Lohr über die Rechnung, aber dann gab er auf und schickte Lohr ein paar Flaschen badischen Wein.

Die CDU-Abgeordneten im Untersuchungsausschuß haben schon recht, viele Dinge wurden im Ausschuß gar nicht geklärt. Zum Beispiel: Woher kam Eyrichs Wein für Lohr?

Spätestens als der Justizminister, den der Ex-Ministerpräsident Filbinger aus dem Bundestag geholt hatte, in seinem schönen SEL-Fernseher sah, daß es bei dem SEL-Chef eine Hausdurchsuchung gegeben hatte, fiel dem Minister Eyrich ein, daß es vielleicht doch besser gewesen wäre, wenn er die Fernsehgeschichte anders gemacht hätte. Offenbar ist dem Justizminister nie in den Sinn gekommen, daß ein Fernsehlieferant auch einmal vor Gericht stehen könnte. Lohr hat natürlich versucht, in den Ermittlungsverfahren Hilfe von Späth und Eyrich zu bekommen. Er wandte sich direkt an Späth. Doch da wollte Späth nicht helfen. Da war nicht mehr viel zu retten. Weder für Lohr noch für Eyrich.

Als der Reporter eine Woche nach dem Späth-Rücktritt den Anruf eines Ehemaligen aus der SEL bekam, der auf die Fernseh-Affäre hinwies, wollte es der Reporter nicht glauben. Doch der Anrufer meinte ebenso nüchtern wie nachdrücklich, der Reporter solle doch den Minister fragen, dann könne man schon sehen, daß diese Fernsehgeschichte stimme, auch wenn sie unglaublich sei. Der Reporter war so verwirrt, daß er zunächst in den Kreisen der neuen Landesregierung recherchierte, ob Eyrich überhaupt noch als Justizminister vorgesehen sei. Doch Eyrich hatte ungerührt von der Späth-Affäre auf seinem Ministerposten bestanden. Auch die schweren Vorwürfe gegen die Strafverfolgungsbehörden wegen der Fälle Manz, Niefer, Lohr und Imhausen beeindruckten weder Eyrich noch den neuen Ministerpräsidenten Erwin Teufel. Eyrich wollte aber selbst nach Bekanntwerden der Fernseh-Affäre noch Justizminister bleiben. Ungerührt erklärte Eyrich im Fernsehinterview, daß zwar ein Richter solch einen Fernseher nicht annehmen dürfe, ein Justizminister aber sehr wohl. Da konnte der Ministerpräsident Teufel nur hoffen, daß die Einschaltquote bei der Fernsehsendung nicht zu hoch war, denn so mancher Bürger beschloß wahrscheinlich an diesem Abend, die nächste Wahl ausfallen zu lassen. Aber auch Teufel war es dann zuviel. Eyrich sollte nicht mehr Justizminister sein. Eyrich geriet bei den Kabinettsverhandlungen, nach Berichten aus »Regierungskreisen«, in Panik, und schließlich gab Teufel einem eher menschlichen Wunsch Eyrichs nach, der seine nächsten Jahre nicht müßig in Südbaden, sondern aktiv in der Landeshauptstadt Stuttgart verbringen wollte.

Kabinettsbildung als Wunschkonzert. Eyrich wurde Minister für Europa- und Bundesangelegenheiten. Vor dem Untersuchungsausschuß sprach Heinz Eyrich dann wieder locker von einer Dummheit, die er aus heutiger Sicht gemacht habe.

Die Fernseh-Affäre ist ein schönes Beispiel, wie eine bestimmte Mentalität des »Nehmens« sich in der obersten Ebene der baden-württembergischen Politik breitgemacht hatte. Die Herren bedienten sich.

Da ist es nicht verwunderlich, daß nach dem Späth-Rücktritt der Wirtschaftsminister Hermann Schaufler nicht so recht wußte, warum Späth eigentlich zurückgetreten war. Da war es auch nicht mehr verwunderlich, daß sich herausstellte, daß Schaufler als Abgeordneter Nulltarif-Urlaube bei einem Unternehmerfreund gemacht hatte, dem er auch zu Subventionen verholfen hatte, daß er sich einen Doktorhut einer umstrittenen amerikanischen Universität hat aufsetzen lassen, die in Auftragsverhandlungen mit dem Wirtschaftsministerium stand. Schließlich begab sich Schaufler auch noch auf das Glatteis mit einem günstigen Grundstück der Stadt Reutlingen für sein neues Privathaus. Es entwickelte sich eine Diskussion, ob die Stadtverwaltung mit dem Grundstückspreis gegen die Gemeindeordnung verstoßen hatte oder nicht.

Kein neuer Vorwurf in Reutlingen. Gegen die Gemeindeordnung hatte die Stadtverwaltung schon einmal verstoßen, als der damalige Anwalt Schaufler für ein Spielcasino tätig war und gleichzeitig im Gemeinderat Reutlingen saß.

Sogar auf Beamtenebene machte sich offenbar diese Mentalität breit. Die Staatsanwaltschaft prüft jetzt Beamte von Ministerien, ob sie nicht zuviel genommen haben in der Zusammenarbeit mit einem Verlag.

Geprüft wird von der Staatsanwaltschaft auch, ob der Stuttgarter Messechef Rainer Vögele den Tatbestand der Untreue mit einer Briefkastenfirma in der Schweiz erfüllt hat. Vögele hat noch einen Nebenberuf: Er ist Schatzmeister der CDU-Nordwürttemberg. Als die Affäre aufkam, war er gerade dabei, eine Firma für Senderechte mit Daimler zu gründen.

Wie die »Maultaschen-Connection« arbeitete

Weder bei Recherchen noch im Untersuchungsausschuß wurde ganz klar, wie die »Maultaschen-Connection« arbeitete. Was bleibt, sind Eindrücke eines bestimmten Klimas, das auch anders gedeutet werden kann. Was bleibt, sind natürlich die Briefe und protokollierten Verhandlungen des Ministerpräsidenten Lothar Späth für den Wirtschaftsanwalt Strobel. Meist ist nur ein Ergebnis von möglicher Zusammenarbeit zu bewundern. An diesen Ergebnissen haftet der Geruch von reibungsloser Zusammenarbeit, von einem außergewöhnlichen Fall, aber da ist kein Geruch des Unrechtmäßigen. Meist gibt es aber überhaupt keine schriftlichen Unterlagen. Hätte es den Untersuchungsausschuß nicht gegeben, hätte es auch die wenigen Unterlagen nicht gegeben. Dem Reporter wurde nach dem Späth-Rücktritt ein Tonband zugespielt, das an einem kleinen Beispiel zeigt, wie Späth-Freunde arbeiteten.

Hier ging es um eine versuchte Einflußnahme für das Steuerberatungsbüro Roland Scheuer. Roland Scheuer ist ein alter Freund Lothar Späths aus den sechziger Jahren in Bietigheim. Er ist auch der private Steuerberater von Späth. Scheuer war dabei, wenn es um das private Geld von Späth ging. Scheuer war auch Anteilseigner bei der »System Kontakt«, hatte dann Späths Anteil treuhänderisch übernommen und war später Aufsichtsratsvorsitzender der Firma gewesen.

Mit der Staatsanwaltschaft hatte er auch schon zu tun – aber das ist in der »Connection« eher der Normalfall. Es gab bei Scheuer vor längerer Zeit eine Hausdurchsuchung. Ein staatsanwaltliches Ermittlungsverfahren wegen des Verdachtes auf Betrug und Steuerhinterziehung steht vor dem Abschluß. Das »Connection«-Mitglied Scheuer wußte seine Verbindungen spielen zu lassen.

Der Leiter eines Finanzamtes in Baden-Württemberg wunderte sich vor ein paar Jahren, als er einen Anruf aus seiner vorgesetzten Behörde, der Oberfinanzdirektion Stuttgart, bekam. Der leitende Finanzbeamte am anderen Ende der Leitung versuchte dem Finanzamtchef klarzumachen, er solle in einem bestimmten Fall doch bitte großzügig verfahren.

Der Fall war ein Bauherrenmodell, das geplatzt war und bei dem es um die Umsatzsteuer-Rückvergütung für die Anteilseigner ging. Steuerberater Roland Scheuer trat gegenüber dem Finanzamt 1985 als Geschäftsführer der »Interessengemeinschaft durch den Konkurs der ›Rückfort‹-Unternehmensgruppe betroffenen Bauherren und Eigentümer« auf. Der Leiter des Finanzamtes wunderte sich schon ein bißchen, als die Oberfinanzdirektion sich so um die Interessengemeinschaft des Herrn Scheuer bemühte. Die finanziellen Gründe für das Engagement waren dagegen schon erkenntlich. Es ging darum, daß Zahlungsunwillige nach langem Hin und Her endlich an das Finanzamt zurückzahlen. Unter Umständen mit Hilfe eines Vollziehungsbeamten. Als der Beamte in dem Finanzamt den Anruf von der Oberfinanzdirektion bekam und er merkte, daß es hier um eine massive Einflußnahme ging, schaltete er sein Diktiergerät ein. Aus den Reaktionen, Antworten und Gegenfragen ist zu erkennen, wie versucht wurde, dem Steuerberater Scheuer zu helfen, wie mit der »höchsten Stelle« gedroht wurde und wie der Beamte der Oberfinanzdirektion unter Erfolgsdruck stand – unter dem Druck der »höchsten Stelle«, Scheuers Freunden zu helfen. Es ist aber auch zu erkennen, wie in diesem Fall ein aufrechter Beamter hart blieb und sich weigerte, das Recht zu verbiegen. Hier leicht gekürzte Teile des Telefonats:

Was der Finanzbeamte zum Fall Scheuer zu der Oberfinanzdirektion sagte:

... Jetzt sagen Sie mir mal, welches ist der Teufel, der da los ist, wenn da vollstreckt würde...

... aha ... aha..

... mir ist das völlig wurst. Ich habe in die Fälle zunächst nur solange eingegriffen, als man da gesagt hat, man macht im Moment mal noch nichts, bis dieser Erlaß kam. Und dann haben wir gesagt, also, was ist jetzt noch...

... Also vorne steht drin, daß nichts auszusetzen ist. Und dann heißt es, das Finanzministerium hat jedoch keine Bedenken, wenn zunächst im Aussetzungsverfahren ein Musterfall entschieden wird. Also ist die Vollstreckungsbehörde des Finanzamtes gehalten, vor Einleitung mit dem Finanzgericht Verbindung aufzunehmen. Wenn ich den Fall hätte und der Mann, *der Scheuer,* würde mir dartun, daß er jetzt in dem Fall einen Antrag nach 69.3 beim Finanzgericht gestellt hat, da müßten wir nach der AO-Kartei beim Finanzgericht anfragen, wie das aussieht. Das würde ich ja machen, ist klar...

... dann sind Sie doch froh, wenn das Ding mal weitergeht. Das geht doch nicht von der Stelle...

... und ich sehe überhaupt nicht den leisesten Grund, warum...

... also das mit der *höchsten Stelle,* dann soll er doch hin, und dann soll er mal die Katze aus dem Sack lassen. Ich sehe das gar nicht ein, daß wir uns da verrenken, bloß weil der da eine gute Telefonnummer weiß. Das wäre noch die ganz große Frage, was die gute Telefonnummer dann tut. Im einzelnen, im konkreten Fall... Ha ja, ... eben...

... Ja, dann soll das Ministerium doch sagen, es will nichts ...
Da ist natürlich ein wahnsinnig gravierender Gesichtspunkt,
daß Sie keinen Ärger haben. Da könnten wir das ganze Jahr
alles mögliche anders machen, wenn wir sagen, wir wollen keinen Ärger...

... Entspricht das Ihrem Verständnis vom Rechtsstaat, wenn
man in einer solchen Sache nur wegen irgendwelcher komi-
scher Hintergründe nichts macht? In jedem anderen Fall wäre
der Vollzieher längst bei den Leuten vor der Tür gestanden und
hätte gesagt, Sie, wie sieht's aus? Dann hätten die gesagt, muß
das sein und hätten es bezahlt. Denn die können's ja zahlen ...

... Na also!

Erst nach dem Späth-Rücktritt, nach einem Rundfunkbeitrag
des Reporters, kam dem Finanzbeamten die Erleuchtung, daß
Roland Scheuer ein Freund des Lothar Späth ist. Entrüstet
nahm der Beamte Kontakt mit dem Reporter auf.

Wovon alte Stamokaps nur träumten: Der »Mercedes«-Chef und der Ministerpräsident als politische Einheit

Die Affäre Niefer

Der Reporter stand an der Bar und rauchte eine Havanna. Die Bar war nicht öffentlich. Sie gehört zur Daimler-Benz-Hauptverwaltung in Stuttgart-Möhringen. Wie jedes Jahr gab es vor der Bilanz-Pressekonferenz des Konzerns unter dem großen Stern ein Essen der Führungsspitze mit Journalisten. Es war Sommer 1991. Das Essen war nicht sonderlich gut gewesen. Perlhuhn. Wer am liebsten Bauernomelett ißt, für den ist Perlhuhn nicht gerade ein kulinarischer Höhepunkt. Die Rede des Daimler-Chefs Edzard Reuter war auch nicht aufbauend gewesen. Wenig Information, viel Arroganz. Reuter hatte anspielend auf einige kritische Kommentare gesagt:»Der Stern dreht sich weiter – dann eßt mal schön.« Das sind die Minuten, in denen Journalisten lernen sollen, wie man am besten Schweine oder Perlhühner füttert.

In diesem Augenblick kam der »Mercedes«-Chef Werner Niefer auf den Reporter an der Bar zu. Niefer strahlte schon von weitem die Aggression eines Schützenpanzers aus, griente aber wie die neue S-Klasse. Niefer visierte sofort das Ziel an. Er fragte schwäbisch-derb, ob er die Zigarre des Reporters auch im Untersuchungsausschuß des baden-württembergischen Landtags angeben müsse, bei dem Vorsitzenden, dem »Herrn Fürzele« oder »Birzele«. Der Reporter schluckte. Sollte dies einer der berühmten »Niefer-Auftritte« werden? Niefer drehte auf wie ein Zwölfzylinder. Er holte aus der Daimler-Kiste Zigarren und steckte sie dem Reporter in den Anzug. Großes Gelächter an der langen Bar. Der Reporter erinnerte sich an die gutgemachte Fernsehschmonzette »Kir Royal«. Dort hatte es die Szene gegeben, als ein Unternehmer zu einem Journalisten sagte, er würde ihn mit Geld »zuscheißen«, wenn er das mache, was er wolle.

Der beherrschte Reporter reizte Niefer offenbar immer mehr. Niefer wollte wissen, ob der Reporter wirklich Wasser trinke, wie er vorgab, oder nicht doch Wodka. Niefer trank aus dem Journalistenglas. Der Reporter lachte und rang mit seiner Selbstbeherrschung. Da schwenkte Niefer um auf die verbale Attacke. Er wisse schon, warum der Reporter etwas gegen ihn habe. Er habe ihm damals in einer Live-Rundfunksendung eine Reise nach Südafrika versprochen. Die Reise sei nie zustande gekommen. Das müßte nachgeholt werden. Niefer diktierte seinem Pressechef eine Reise nach Südafrika ins Notizbuch.

Dem Reporter fiel die »Maultaschen-Connection« ein. Es schien, als sei in diesen Kreisen alles zu machen – mit Reisen.

Da wollte es Niefer ganz genau und direkt wissen:»Tätet Sie mit mir Bus fahra?« fragte er lauernd den Reporter. Die Umstehenden lachten nicht mehr. Der Reporter sagte eine deutliche Spur zu ernst und zu klar:»Im Bus schon«, und dachte an die junge Frau, die Niefer im unnötigen Übermut angefahren hatte und ihr bleibende Schäden am Bein zugefügt hatte.

Busfahrer Niefer

Dieser Unfall war an Ungewöhnlichkeiten fast nicht mehr zu überbieten. Hier waren Überheblichkeit und Realitätsverlust, fehlende menschliche Rücksichtnahme ebenso zu erkennen wie Zufälligkeiten und Machenschaften.

Am 31. Mai 1990 besuchte Niefer die Hauptversammlung und die Aufsichtsratssitzung von »Mercedes Benz Italia«. Der Aufsichtsrat fuhr mit Damen in einem Bus zum Essen in ein Restaurant in der Via Appia Attica. Das Essen dehnte sich bis gegen 15.30 Uhr aus. Niefer, der gern schwäbische Geselligkeit und schwäbische Viertele genießt, gab später an, er habe ein bis zwei kleine Gläser Weißwein getrunken. Ein Ministerialrat des Justizministeriums schrieb vierzehn Tage später vorsichtshalber in einer Aktennotiz:»... anscheinend in Folge alkoholbedingter Fahruntüchtigkeit...«

Niefer-Kenner wissen von dem geradezu kindlichen Zusammenhang zwischen Geselligkeit, Übermut und Busfahren bei Niefer. Obwohl ein italienischer Busfahrer bereit war, mußte der»Mister Mercedes« aus sinnlosem Imponiergehabe Busfahren. Auf der engen, steilen Privatstraße hinunter zur Via Appia kamen dem »Mercedes«-Bus vom Typ 0-303 und dem Busfahrer Niefer zwei junge Frauen zu Fuß entgegen, weiter oben zwei Nonnen. Dann gab es unterschiedliche Begründungen dafür, was dann geschah – hatte sich Niefer verschaltet oder den Überblick verloren oder beides? In einer Biegung knallte das Heckteil des Busses ein Bein der Fußgängerin an eine Straßenmauer. Die andere Frau konnte sich mit einem Sprung über die Mauer retten. Die junge Frau hatte wahnsinnige Schmerzen, schrie und hatte starken Blutverlust. Ihre Begleiterin bat sie, ihr Bein nicht anzuschauen, so schrecklich sah es aus. Niefers Sicherheitsmann im Begleitfahrzeug telefonierte nach einem Arzt, Niefer blieb im Bus, eine Frau kam aus dem Restaurant gerannt und brachte Wasser, eine Nonne kam und betete bei der jungen Frau. Der Notarzt fuhr die Verletzte in ein Krankenhaus. Die Polizei ließ auf sich warten.

Der italienische »Mercedes«-Mann, Dr. Mauro, erklärte Niefer, er könne nach italienischem Recht die Unfallstelle verlassen, wenn die Verletzte versorgt sei. So stellte Niefer jedenfalls den Ablauf gegenüber der Staatsanwaltschaft dar. Doch die Staatsanwaltschaft Stuttgart hat Mauro nicht als Zeugen gehört. Als die Polizei nach einer Stunde kam, wurde der italienische Busfahrer als der Täter vernommen. Später hieß es von »Mercedes«, dies sei »Übereifer« des Fahrers gewesen. Doch das Verhalten der »Mercedes«-Gesellschaft muß so asozial gewesen sein, daß sich bei einem Mitglied der Gesellschaft das schlechte Gewissen nicht mehr beruhigte und er über Umwege die Verbindung zur Presse suchte. Mit Verzögerung tauchte dann ein Artikel auf. Inzwischen hatte »Mercedes« die junge Frau nach Stuttgart in ein Krankenhaus fliegen lassen und die Verletzung heruntergespielt. Das Bein der Verletzten ist mehrmals operiert worden und ist verstümmelt, weil nur noch wenig Muskulatur vorhanden ist. Gut anderthalb Jahre nach dem Unfall muß das Opfer, Frau Rehm, immer noch wöchentlich zum Arzt, um ihre nicht ganz heilende Wunde drainieren zu lassen. Sie kann das Bein immer noch nicht voll einsetzen. Wie der Zufall es wollte, ist die verletzte Christine Rehm die Tochter des früheren Ortsvorstehers aus dem Stuttgarter Ortsteil Untertürkheim – dem Stammort von »Mercedes«.

Frau Rehm nahm sich einen Anwalt und der verhandelte mit Niefers Anwalt – der aus der Anwaltskanzlei Strobel kam.

STAATSANWALTSCHAFT STUTTGART

Staatsanwaltschaft Stuttgart · Neckarstraße 145 · 7000 Stuttgart 1

An das
Amtsgericht

Stuttgart

Aktenzeichen Bitte bei Antwort angeben	Telefon (Durchwahl)	Stuttgart
4 Js 47331/90	(07 11) 212- 4086	

Betr.: Ermittlungsverfahren gegen Professor Dr. Dr. Werner N i e f e r
wegen des Verdachts der Gefährdung des Straßenverkehrs,
der fahrlässigen Körperverletzung, des Fahrens ohne
Fahrerlaubnis und des unerlaubten Entfernens vom Unfall-
ort

Beil.: 1 Band Ermittlungsakten

In dem Ermittlungsverfahren gegen Professor Dr. Dr. Werner Niefer ist das
Verschulden des Beschuldigten gering. Das öffentliche Interesse an der
Strafverfolgung kann durch die Zahlung eines Geldbetrages von
DM 60 000,-- an gemeinnützige Einrichtungen beseitigt werden. Ich er-
wäge daher eine Verfahrenseinstellung gemäß § 153 a Abs. 1 StPO und bitte
um Zustimmung.

G r ü n d e :

Der Beschuldigte ist Vorstandsvorsitzender der Mercedes-Benz AG und
-stellvertretender Vorstandsvorsitzender der Daimler-Benz AG.

(Hinweis des Autors: Es folgen noch 7 Seiten Begründung.)

126

AMTSGERICHT STUTTGART

Amtsgericht Stuttgart · Postfach 10 60 08 · 7000 Stuttgart 10

An die
Staatsanwaltschaft

7000 Stuttgart 1

Aktenzeichen Bitte bei Antwort angeben:	Telefon (Durchwahl)	Stuttgart	3.12.90
B 15 Gs 4760/90	(07 111) 212- 4238 Dienstraum: Gebäude Urbanstr. 31 A	Zimmer	14

Betr.: Ermittlungsverfahren gegen Professor Dr. Dr. Werner Niefer
wegen fahrlässiger Körperverletzung u.a.

Bezug: Dortiges Aktenzeichen 4 Js 47331/90

Beil.: 1 Leitzordner

Die - unblattierten und zum Teil nur aus Fotokopien bestehenden -
Ermittlungsakten werden zurückgegeben, die beantragte Zustimmung
zur Einstellung nach § 153 a StPO kann nicht erteilt werden.

Diese Beurteilung ist schon jetzt möglich, obwohl in vielerlei
Richtungen noch Ermittlungsbedarf besteht:

1. Die aus den Akten ersichtlichen Zeugen Prof. Breitschwerdt (vgl.
Schreiben Verteidiger vom 9.8.90) und Frau Epple (vgl. Tagesplan
des Beschuldigten) sind noch nicht vernommen.

(Hinweis des Autors: Es folgen 4 Seiten Begründung.)

Fernsprecher: Vermittlung (07 11) 212-1 Tiefgaragen Landesbibliothek · Olgastr. 2, Urbanstr. 31a
Telex 07 22 480 justgd · oder Staatsgalerie · Urbanstr. 20, Gaisburgstr. 46
Telefax (07 11) 212 32 26

Bankverbindungen: Gerichtskasse Stuttgart · Postgiroamt Stuttgart (BLZ 600 100 70) Konto-Nr. 2 431-704

127

gestellt, daß die Unfallflucht in Italien nicht liberaler gehandhabt wird als bei uns. Nur sei eben Niefer »unvermeidbar« dem »Verbotsirrtum« unterlegen.

Der Tübinger Juraprofessor Ulrich Weber war schon etwas erstaunt, als er davon hörte. Ohne auf den Fall Niefer eingehen zu wollen, stellte er gegenüber dem Reporter ganz rechtstheoretisch fest, daß der »Verbotsirrtum« als Schuldausschließungsgrund keine Rolle spiele. Es sei sehr schwer, den »Verbotsirrtum« von einem Gericht anerkannt zu bekommen. Es genüge nicht, wenn ein Anwalt eine Aussage mache, die sich dann als »Verbotsirrtum« herausstelle. Gerichte würden den »Verbotsirrtum« nur dann akzeptieren, wenn ein Täter alle Erkenntnisquellen ausgeschöpft habe. »Die Erkundungspflicht ist da sehr streng«, sagte Professor Weber.

Das Justizministerium und der Minister Heinz Eyrich waren im Fall Niefer immer gut informiert und vorbereitet. Auch im Justizministerium gab es unterschiedliche Meinungen über die Einstellung des Niefer-Verfahrens. Aber ausgerechnet in diesem Verfahren wollte sich der Justizminister nicht einmischen.

Wenn die Staatsanwaltschaft im Fall Manz behutsam vorging, dann mußte nach dieser Logik auch im Verfahren Niefer erst recht nicht hart ermittelt werden – so kann man diesen Vorgang kommentieren, auch wenn die Verfahren unterschiedlich waren.

Vor dem Untersuchungsausschuß waren Juristen aus dem Ministerium mit beiden Verfahrensentscheidungen einverstanden: mit der Einstellung und mit der Nichteinstellung. Der Amtsrichter Nicol konnte sich des Lobes von seiten des Justizministeriums kaum erwehren. Nicol hatte plötzlich die ganze lobende Last des Rechtsstaats zu tragen. So der Eindruck des Reporters. Beobachter des Untersuchungsausschusses waren der Meinung, schon dieser Teil des Ausschusses habe den ganzen Untersuchungssausschuß gerechtfertigt.

Das Unfallopfer Christine Rehm war nur deshalb einmal an die Öffentlichkeit gegangen, weil sie den Eindruck hatte, daß in ihrem Verfahren nicht alles mit rechten Dingen zuginge. Auch sie hatte den Eindruck von »Filz«. Bei Niefer hatte sie den Verdacht, er habe sich erst dann persönlich um sie gekümmert, als der Fall in der Presse aufgetaucht war. Sie verbat sich weitere Krankenbesuche von Niefer. Niefer wartet jetzt seit geraumer Zeit auf ein Strafverfahren wegen seines Busunglückes.

Niefers Turbulenzen

Zusätzlichen Schaden hatte Niefer bei seiner Villa auf dem Stuttgarter Killesberg. Hatte Niefer dort gleich mit den geforderten und von der Firma finanzierten Sicherheitseinrichtungen noch auf Firmenkosten Kamine und Parkettböden einbauen lassen? Die Firma kann sich das nicht vorstellen, aber die Staatsanwaltschaft ermittelt. Außerdem besteht für die Staatsanwaltschaft im Zusammenhang mit dem Hauserwerb auf dem Killesberg der Verdacht, daß das Ehepaar Niefer »in nicht unerheblichem Maße Steuern hinterzogen hat«, so die Staatsanwaltschaft. Es wird noch ermittelt. Auch bei dem Hausverkäufer. Ein guter alter Bekannter: Wolfgang Fahr, seit 1980 Schatzmeister der baden-württembergischen CDU. Fahr ist auch geschäftlich mit »Mercedes« verbunden. Er vertritt den Tachometer-Zulieferer »VDO«. Immer wieder taucht Fahr auf. Wenn bei Späths mit Niefer und Strobel eine Pressekonferenz vorbereitet wird und eine dubiose DDR-Reise behandelt wird – ist er dabei: Wenn im CDU-Landesverband eine Barspende von Helmut Lohr erst verschwindet, dann wieder auftaucht und vielleicht nie eine Spende war – Fahr ist dabei.

Am 14. März 1991 kam schon wieder Besuch zu Niefer von der Fahndung. Aber nicht nur zu Niefer. Mehrere Büros in Stuttgart-Untertürkheim, Stuttgart-Möhringen und in Wörth in Rheinland-Pfalz, außerdem wurden Privatwohnungen durchsucht. Rund hundert Beamte von Polizei, Staatsanwaltschaft, Zoll und Steuerfahndung waren bei Daimler unterwegs und luden Akten ein. Ausgerechnet an diesem Tag besuchte Daimler-Chef Edzard Reuter zum ersten Mal den neuen Ministerpräsidenten Erwin Teufel in der Villa Reitzenstein. Reuter konnte Teufel gleich berichten, daß seine Firma Staatsbesuch habe: die Staatsanwaltschaft.

Der Grund: Verdacht des unerlaubten Exports von Militärfahrzeugen und Verdacht wegen Untreue. Beides sollte einen möglichen Zusammenhang haben. Bei dem Verdacht der Untreue ging es darum, daß »Mercedes«-Mitarbeiter bei Geschäften mit Nahostländern Rabatte in die eigene Tasche gesteckt haben sollen. Das Verfahren mit dem Verdacht auf Untreue ist noch nicht abgeschlossen.

Dagegen war die Aufregung um die Exporte in den Irak zwar aus Sicht des Reporters verständlich, aber die Staatsanwalt-

DAIMLER-BENZ AKTIENGESELLSCHAFT

6/06 Techn. Seite für TL und Autobau olay

Ina. A/L und D 13

S O T I

BAGHDAD   _/. K Go_

I R A Q

60 VN/MDU
Mr. OTT/PF

02.03.89

OFFER   NO.: 97047/89 "PLATFORM + CRANE"

In accordance with our export sales department in Stuttgart
and in compliance with our general sales conditions (A/E)
we are pleased to offer you for operation in IRAQ:

4 Mercedes-Benz truck chassis with cab, type 3336 A 8X8-4/45,
  wheelbase 4.450 mms, left-hand-drive, model 624.203-12
  in non-civilian version

<u>Standard equipment:</u>

<u>Axles:</u>   first front axle type AL 7/1 DS-7
              second front axle type AL 7/9 DGS-8
              first rear axle type HL 7/19 DGS-13
              second rear axle type HL 7/18 DS-13(i=5,92)
              differential lock
              hub bearing reinforced

<u>Brakes:</u>   2-circuit compressed air operated brake system
              spring loaded parking brake
              compressed air operated exhaust brake
              automatic wear adjustment

<u>Chassis:</u>   M-B hydraulic steering type LS7F
              shock absorbers front axle
              front springs stronger stage I
              omission steering lock

<u>Electric:</u>   voltage 24 V batteries 2x 12 V/115 Ah

Angebot der Daimler-Benz AG über die Lieferung von Lkw-Chassis
an »SOTI«, Bagdad (Irak)

132

schaft sieht das zusammen mit dem Bundeswirtschaftsministerium und seinen nachgeordneten Behörden, mit dem Amt für Außenwirtschaft und dem Außenwirtschaftsgesetz, überhaupt nicht aufregend. Offenbar verläuft dieses Verfahren im Wüstensand. Zwar ist in den Verträgen zwischen Daimler und der irakischen Firma »SOTI« ausdrücklich von einer »non civil version«, also von einer »nicht zivilen Version« die Rede, von einem »Standard militärisches Fahrerhaus mit beweglicher Dachluke« und von der irakischen Militärfarbe: »Sand«. Der »SPIEGEL« zitierte aus den Verträgen zwischen Daimler und »SOTI«. Wie fragte der Staatsanwalt den Reporter: »Sie haben den Vertrag gesehen, aber haben Sie auch die Fahrzeuge gesehen?«

Es ging um die Lieferung von 26 Fahrzeugen in den Iran, davon zehn Sattelschlepper, zwölf Fahrzeugen mit verstärkten Rahmenkonstruktionen und hydraulischen Abstützungen für »Bergekrane«. In den anonymen Anzeigen, wahrscheinlich aus der »Mercedes«-Firma, war von dem Verdacht die Rede, dies könnten mobile Scud-Abschußrampen sein. Denn in den Verträgen ist davon die Rede, daß es um das Projekt 144 geht – das war der Code bei den Irakis für das Projekt Scud-Raketen.

»Mercedes« gab in einer Pressemitteilung zu, daß eine Lieferung zeitlich so nahe an das Embargo gegen den Irak herankam, daß ein Teil nicht mehr gestoppt werden konnte – so als ob das Embargo von heute auf morgen unerwartet vom Himmel fiel. Bei der Pressekonferenz in der Daimler-Hauptverwaltung am Tag nach der Durchsuchung durch die Staatsanwaltschaft fehlten keine Argumente, um darzustellen, daß alles in Ordnung sei – nur einer fehlte: »Mister Mercedes« Werner Niefer.

Die königliche Traumschiff-Reise mit dem Herzog von Württemberg, mit dem Ministerpräsidenten Späth und seinem Wirtschaftsminister Herzog, mit dem »Mercedes«-Chef Niefer und dem Lebensmittelgroßhändler Nanz mit Ehefrauen. Die Frage, was ist privat, und was ist geschäftlich im Untersuchungsausschuß.

– Auszug –

Vorsitzender Birzele: Dann komme ich mal zu den Flügen, die Sie heute speziell angesprochen haben und die auch in der schriftlichen Stellungnahme der Daimler-Benz AG uns mitgeteilt worden sind. Da haben Sie aufgeführt zwei Flüge, 8. August 1987 Stuttgart–Nizza und 13. August 1987 Calvi–Stuttgart.

Sie meinten, es handele sich hier um Flüge – wenn ich Sie richtig verstanden habe –, wo eigentlich das Land begünstigt sei. Generell bei den Flügen haben Sie das so angesprochen. Es handele sich – Sie haben es erwähnt – um eine gesellschaftliche Veranstaltung auf Einladung des Herzogs von Württemberg. In Ihrem Bericht heißt es, daß diese Flugreise geschäftlich veranlaßt sei. Das ist für mich nicht nachvollziehbar. Ich bitte Sie entsprechend um Aufklärung.

Ich möchten Ihnen in diesem Zusammenhang vorhalten, daß Ministerpräsident a. D. Späth selbst diese Reise als eine persönliche Reise, als eine Privatreise angesprochen hat. Es würde sich also insoweit um eine Zuwendung an Herrn Späth als Privatperson durch die Firma Daimler-Benz AG handeln, **(Zeuge Niefer:** Ja, Herr Vorsitzender ...) die Sie – um das noch zu vervollständigen, meinen Vorhalt – geschäftlich abgerechnet haben als Betriebsunkosten.

Zeuge Niefer: Herzog Carl hat mich eingeladen. Dabei war auch der Herr Späth eingeladen. Ich bin nach Nizza geflogen. Da war es selbstverständlich, daß Herr Späth oder jeder andere mitfliegen kann; denn da hat es noch Sitzplätze gehabt in dem Flieger. – Wir sind dann auf dem Schiff von Herzog Carl gewesen, und die sind dann von Calvi zurückgeflogen.

Vorsitzender Birzele: Aber das war ja – Sie schreiben ja selbst – eine gesellschaftliche Veranstaltung und nicht eine geschäftliche, wenn ich das richtig sehe. Jedenfalls der Herr Späth hat es als eine Privatreise betrachtet.

Zeuge Niefer: Was der Herr Späth daraus gemacht hat, ist ja seine Sache. Das habe ich ja nicht zu vertreten.

Es ist ja so, Herr Vorsitzender, meine Damen und Herren: In der Industrie werden ja sehr häufig geschäftliche Reisen sehr häufig weltweit stattgefunden, wo auch gesellschaftliche Veranstaltungen mit dabei sind. Das genau zu trennen, ist sehr schwierig.

Das ist so ein Fall, wo der Herzog Carl eine Einladung gegeben hat und wo ich – ich kann nur wiederholen, was ich sagte – dann bis Nizza geflogen bin und von Calvi zurück.

Vorsitzender Birzele: Mein Vorhalt, jedenfalls insoweit: Hier handelte es sich – da Herr Späth dies ja selbst auch als eine Privatreise versteht und verstand – um eine Zuwendung der Daimler-Benz AG, die nach Ihrer heutigen Darstellung und nach Ihrem schriftlichen Bericht als Betriebskosten abgerechnet worden sind, persönlich an Herrn Späth.

Zeuge Niefer: Herr Vorsitzender, ich kann nur wiederholen: Es war eine Sache für die Daimler-Benz AG, und der Herr Späth ist mitgereist. Wie er das definiert, das kann ich ja nicht festlegen. Ich kann ja nur für mich sprechen, und da gilt das, was ich vorhin sagte.

. . .

Vorsitzender Birzele: Aber Sie können bestätigen, daß bei dem aus Ihrer Sicht geschäftlich veranlaßten Flug die Kosten dieses Flugs als Betriebskosten abgerechnet worden sind, daß sie also ganz normal wie andere Flüge ebenfalls behandelt worden sind und nicht Kostenteile ausgeschieden worden sind.

Zeuge Niefer: Ja.

Vorsitzender Birzele: Das würde bedeuten, daß die Firma Daimler-Benz dann – das ist mein Vorhalt – an Herrn Späth geldwerte Leistungen erbracht hat, persönlich, nicht in seiner Funktion oder für Tätigkeiten als Ministerpräsident.

Zeuge Niefer: Ich bin davon ausgegangen, daß er als Ministerpräsident dorthin ist. Ich kann das ja nicht beurteilen, Herr Vorsitzender.

Vorsitzender Birzele: Ja nun, also normalerweise gehört es nicht zur Amtsaufgabe von Ministerpräsidenten, an Schiffsreisen von Landeskindern – wenn ich mal den Ausdruck gebrauchen darf – im Ausland teilzunehmen. – Also, es war ja nicht irgend etwas – dann als Ministerpräsident, das würde ich jetzt verstehen, wenn dort ein offizieller Empfang von was weiß ich jemand gewesen wäre, aber es war doch offensichtlich eine Privatreise von Herrn Späth, für Sie nicht.

Zeuge Niefer: Ich komme nicht ganz mit. Der Herzog Carl ist ja auch ein Landeskind.

Vorsitzender Birzele: Ja, den meinte ich.

Zeuge Niefer: Den würde ich also doch als sehr großes Landeskind sehen.

Vorsitzender Birzele: Wie immer.

(Zuruf des Abgeordneten Schlauch, »GRÜNE« – Zeuge Niefer: Das wollen wir nicht einführen!)

Aber das gehört doch nicht zu den Amtsaufgaben des Ministerpräsidenten, an den Schiffsreisen von Landeskindern teilzunehmen!

(Abgeordneter Scheuermann, CDU: Das ist eine Wertung, die wir in der Sitzung vornehmen müssen! Dann müssen wir sagen: »Er ist als Ministerpräsident gefahren«, oder »er ist als Privatperson gefahren!«)

Niefer, Späth und die Politik

Wenn Daimler-Chef Edzard Reuter seinen Vertrag über das Pensionsdatum hinaus verlängert, dann will Niefer auch dabei sein.

Niefer wird seinen politischen Freund Lothar Späth vermissen. Immer wenn bei »Mercedes« in internen Verhandlungen Probleme politisch wurden, beendete Niefer die Diskussion mit dem Hinweis: »Ich red' mit Lothar drüber.«

Ein paar Jahre gab es in Baden-Württemberg sogar einen Wirtschaftsminister, der Niefers Mann war. Niefer empfahl Späth den Friedrichshafener CDU-Mann und Oberbürgermeister Martin Herzog. Herzog ist ein netter Mensch, doch er agierte glücklos und gab 1989 sein Amt als Wirtschaftsminister auf. Er ging in einen kleineren Industriebetrieb, eine Filzfabrik, als Geschäftsführer und gab dort dann Ende 1991 auf. Der Mann, der aus dem Filz kam und in den Filz ging.

Der Vorwurf der »Mercedes«-Oppositionsleute lautet: »Dieser große Konzern ist politischer geworden, und wir haben die Nachteile der Politik mit übernommen – den Filz.« Mehr denn je jammern schwäbische Zulieferer über die steigende Zahl der Verhandlungspartner bei »Mercedes«, gleichzeitig nehme der Preisdruck auf die Zulieferer zu. Kantinenspruch bei »Mercedes«: »Muskelschwund an der Front, Blähungen in der Zentrale.«

Niefer hat für »Mercedes« schon viel gebracht. Es bedurfte nur eines Urlaubs mit Lothar Späth, und der Übergang zum Katalysator wurde der Autofirma erleichtert.

Im Juli 1984 wollte Lothar Späth ganz vorn dabei sein, um Abgasmengen der Autos zu reduzieren und die Schwarzwaldbäume zu retten. Zum 1. Januar 1986 sollten alle deutschen Neuwagen abgasarm sein. Späth legte sich mit einer Bundesratsinitiative fest. Nach dem Urlaub mit Niefer in Kanada stellte Späth technische Probleme der Autoindustrie fest. Im Untersuchungsausschuß konnte sich Niefer nicht mehr erinnern, mit Späth in Kanada im September 1984 über Katalysatoren-Politik gesprochen zu haben. Späth wollte nach dem Kanada-Urlaub alles auf 1989 verschieben, nicht einmal einen Stufenplan sollte es ab 1986 geben. Die Fraktionen im Stuttgarter Landtag waren mehr oder weniger offen entsetzt über Späths »Umfaller«.

Für einen baden-württembergischen Ministerpräsidenten und das Land ist es sicherlich wichtig, daß ein neues Autowerk mit 6 000 Arbeitsplätzen im Land bleibt. Aber ist es wirklich notwendig, daß das Land dann mit großer Selbstverständlichkeit mit Millionenaufwand das Bauland so vorbereiten muß, wie es »Mercedes« haben will? Bei kleineren Unternehmen ist dies nicht in dieser Höhe selbstverständlich. 5,5 Prozent hatte das Land bis dahin für Industriegeländeerschließung zugeschossen. Acht Prozent sollten es bei dem Rastatter »Mercedes«-Werk sein. Und das in dieser Größenordnung. Kann es selbstverständlich sein, wie bei dem Deal Niefer-Späth in Sachen »Mercedes«-Werk im badischen Rastatt, daß gleich 120 bis 140 Millionen Mark vorgesehen werden und erst eine europäische Behörde kommen muß, um auf 80 Millionen Mark zu begrenzen? Niefer wollte nicht einmal akzeptieren, daß die Millionensubventionen für »Mercedes« seien. Die Gelder seien ja an die Stadt Rastatt gegangen, so Niefer. Ein Jahr vor den Rastatter Daimler-Subventionen hatte Späth noch mittelstandsfreundlich dem Reporter ins Mikrofon gesagt: »Keine Mark für Daimler.«

Da muß doch ein Ministerpräsident in den Verdacht kommen, daß hier Subventionen für »Mercedes« via Rastatt als Kostenrückerstattung für Flugkosten angesehen werden. Flugkosten für Flüge, gesponsert von »Mercedes« für Ministerpräsident Späth, auch für den CDU-Landesvorsitzenden Späth und auch für den Wahlkämpfer Späth.

Ganz sicher haben beide viel von ihrer Freundschaft gehabt, Niefer und Späth.

Wie sich ein Vorstandsvorsitzender nicht mehr an Subventionen erinnert. Das »Mercedes«-Werk Rastatt im Untersuchungsausschuß.

– Auszug –

Abgeordneter Schlauch, GRÜNE: Ich habe noch eine andere Frage, und zwar zu den Subventionen. Ihre Definition von Subvention in allen Ehren, aber da habe ich meine Schwierigkeiten.

In den Wirtschaftsspalten der Zeitung der letzten Wochen und Monate ist zu lesen gewesen, daß der Daimler-Konzern der Konzern ist, der die höchsten Subventionen, das heißt öffentliche Gelder, und zwar von allen Ebenen, Bund, Länder etc., bezieht. Das heißt, meine Frage: Sie empfinden öffentliche Gelder, die Sie aufgrund von gesetzlichen Regelungen oder auch Richtlinien bekommen, nicht als Subvention?

Zeuge Niefer: Vom Land Baden-Württemberg ist mir nichts bekannt. Im übrigen ist das ja gesetzmäßig verankert, und das machen ja die Regierungen und die entsprechenden Gremien. Die legen doch fest, was wohin gegeben wird. Doch wir nicht oder ich nicht oder Sie.

Abgeordneter Schlauch, GRÜNE: Waren Sie beteiligt an der Frage des Antrags oder der Nachfrage der Subvention – das ist meine Definition – zur Ansiedlung des Daimler-Benz-Konzern in Rastatt?

Zeuge Niefer: Das habe ich höchstpersönlich bearbeitet.

Abgeordneter Schlauch, GRÜNE: Das haben Sie höchstpersönlich bearbeitet. – Ich darf dann da vielleicht nachfragen. Haben Sie dann Kenntnis davon gehabt, daß der Herr Späth sich bei der Bewirkung beziehungsweise Gewährung dieser Subvention höchstpersönlich bei der EG-Kommission in Brüssel eingesetzt hat, daß diese Subvention auch in entsprechend relevanter Höhe, also in größerer Höhe gewährt werden kann, als dies von der EG-Kommission ursprünglich genehmigt worden wäre?

Zeuge Niefer: Herr Abgeordneter, es ist ja so. Wir standen ja damals vor der Situation: Machen wir die Fabrik in Rastatt oder nicht? – Wenn wir die Fabrik nicht gemacht hätten, dann würde es dort unten 5 000 oder 6 000 Arbeitsplätze weniger geben. Wir hätten nach Frankreich gehen können. In Frankreich hätte ich wesentlich günstigere Bedingungen gehabt: Also: Sie sagen, das Ganze hätten wir lassen sollen und lieber 5 000...

Abgeordneter Schlauch, GRÜNE: Das sage ich nicht. Ich habe eine Frage gestellt. Ich sage überhaupt nichts. Ich sage im politischen Raum was. Aber ich habe Ihnen eine Frage gestellt.

Zeuge Niefer: Es ist so: Das ist ja eine Finanzhilfe. Es ist richtig, daß da von dem damaligen Ministerpräsidenten Späth Unterstützung dahingehend gegeben wurde, daß er bei der EG nachgefragt hat. Aber wir haben ja keine Finanzierungshilfe bekommen. Wir haben in Rastatt keine Finanzierungshilfe bekommen... **(Abg. Schlauch, GRÜNE: Das ist Ihre Definition!)** ... sondern die Stadt Rastatt hat Finanzierungshilfen bekommen für verschiedene Probleme, zum Beispiel die Umgehung der Straße, wobei die Umgehung der Straße 1972 vom Landtag Baden-Württemberg beschlossen wurde. Die ist wieder in Frage gestellt worden, und darüber hat sich der Herr Späth eingesetzt.

Abgeordneter Schlauch, GRÜNE: Sie würden mir aber zugeben, daß, wenn die Stadt Rastatt diese Beihilfe zur Erschließung dieses Geländes nicht bekommen hätte – das haben Sie ja vorher selbst gesagt –, Daimler-Benz dort nicht angesiedelt hätte?

Zeuge Niefer: Ich frage Sie einmal, wie Sie eine Fabrik betreiben wollen, wo keine Straße und keine Eisenbahn hingeht.

Abgeordneter Schlauch, GRÜNE: Ja, gut. Damit haben Sie die Frage beantwortet. **(Zeuge Niefer:** Vielleicht können Sie da in Zukunft helfen.) Ich habe keine weiteren Fragen.

Vorsitzender Birzele: Herr Bebber!

Abgeordneter Bebber, SPD: Eine Nachfrage gerade zu diesem Komplex: Ist zwischen Ihnen und Herrn Späth denn darüber gesprochen worden, daß ja dann ein Zuschuß an die Gemeinde zur Industriegeländeerschließung gegeben werden kann und daß man da auch höher fahren kann als üblich, also nicht 5,5 Prozent, sondern acht Prozent? Ist also zwischen Ihnen und Herrn Späth über die Problematik gesprochen worden?

Zeuge Niefer: Sie sprechen von Rastatt?

Abgeordneter Bebber, SPD: Ja. Ich sagte, gerade anschließend an das, was...

Zeuge Niefer: Nur um sicherzugehen...

(Abg. Bebber, SPD: Ja, ja ja!)

... weil wir ja in der Zeit sehr viele Fabriken gebaut haben. – Es ist so: Man hat ja in dieser Rastatt-Phase insbesondere mit den Verantwortlichen der Regierungsdirektion in Karlsruhe diese Probleme behandelt.

Abgeordneter Bebber, SPD: Das beantwortet die Frage nicht.

(Abg. Straub, CDU: Die Frage ein bißchen deutlicher stellen!)

– Die Frage ist deutlich, Herr Straub. Sie können Ihr Gemecker lassen!

Zeuge Niefer: Es ist sicher mit dem Herrn Ministerpräsidenten Späth über das Projekt Rastatt gesprochen worden. Er hat sich ja für das Projekt Rastatt sehr stark engagiert für das Land und für die Stadt Rastatt. Das ist außer Zweifel. Aber ich kann nicht erkennen, wo da irgendwie etwas nicht richtig gemacht wurde.

Abgeordneter Bebber, SPD: Meine Frage war die, ob zwischen Ihnen und Herrn Späth darüber gesprochen worden ist, daß man zur Industriegeländeerschließung der Stadt statt der üblichen 5,5 Prozent acht Prozent gibt, damit die die Möglichkeiten – in die Lage versetzt werden, überhaupt das Industriegelände zu erschließen.

Zeuge Niefer: Meines Wissens ist darüber mit mir nicht gesprochen worden.

(Abg. Kurz, CDU: Das zeugt von tiefer Unkenntnis, Herr Bebber! – Weitere Zurufe von seiten der CDU)

Vorsitzender Birzele: Meine Herren Kollegen, jetzt halten Sie sich zurück! Sie kriegen alle einen Platz auf der Frageliste. Sie können alle Ihre Fragen selber stellen. Aber beeinträchtigen Sie nicht immer die Fragen von Kollegen. Das ist für den Zeugen eine unangenehme Situation, wenn laufend zusätzliche Einwürfe kommen. Bitte schön, Herr Bebber!

Zeuge Niefer: Also, Herr Bebber, noch einmal klar: Über diese Frage im Konkreten kann ich mich nicht erinnern, daß Herr Späth und ich gesprochen haben, was die Stadt Rastatt bezüglich Zuschüsse betrifft.

Abgeordneter Bebber, SPD: Es gibt ja eine Presseerklärung des Staatsministeriums vom 4. August 1986. Darin heißt es unter anderem: »Ministerpräsident Lothar Späth zeigte sich der Mitteilung zufolge befriedigt über die Ergebnisse der bisherigen vertrauensvollen Gespräche mit dem Vorstand der Daimler Benz AG.«

Deshalb meine erste Frage: Ist denn darüber auch gesprochen worden bei diesen vertrauensvollen Gesprächen, ob es denn Daimler hilft, wenn man die Stadt durch entsprechende Zuschüsse in die Lage versetzt, leichter in die Lage versetzt, entsprechendes Gelände zu erschließen? Ist über diese Problematik gesprochen worden in dem Sinne auch: »Wenn wir schon Daimler-Benz keine direkten Zuschüsse gewähren können, hilft es denn, wenn wir auf die Art und Weise das Projekt vorantreiben helfen?«

Zeuge Niefer: Ich kann mich daran nicht erinnern.

Abgeordneter Bebber, SPD: Also Sie sagen nicht, daß darüber nicht gesprochen worden ist, sondern Sie sagen: »Sie können sich daran nicht erinnern, ob darüber gesprochen wurde?«

Zeuge Niefer: Ja.

Der Kanada-Urlaub, ein Katalysatoren-Urlaub – oder ein Urlaub ohne Erinnerung? Urlaub und Politik im Untersuchungsausschuß.

– Auszug –

Abgeordneter Bebber, SPD: Sie haben im Jahre 1984 unter anderem mit Herrn Späth zusammen eine Kanada-Reise unternommen.

Zeuge Niefer: Das ist richtig.

Abgeordneter Bebber: Das war im Sommer 1984.

Zeuge Niefer: Es war im August.

Abgeordneter Bebber, SPD: Im August. Das ist gut, wenn Sie sich so genau erinnern. – Wir hatten im Juli eine Debatte im Landtag und im September eine Debatte im Landtag. Bezüglich der Einführung der Katalysatoren gab es dabei von seiten Herrn Späth – das ist mein Vorhalt zunächst für das Verständnis meiner Frage, die ich anschließend stellen möchte – sehr unterschiedliche Positionen. Zunächst ist er heftig für die Einführung des Katalysators eingetreten und nach der Reise nicht mehr. Meine Frage deshalb: Ist auf der Reise dieses Thema »Einführung des Katalysator« ein Thema gewesen, ein Gesprächsthema gewesen?

Zeuge Niefer: Herr Abgeordneter, wenn Sie genau Bescheid wissen, dann müßten Sie wissen, daß vor dem August der Herr Späth den Katalysator durchgedrückt hat, und da war der Katalysator schon beschlossen. Also deshalb war gar kein Grund mehr.

Abgeordneter Bebber, SPD: Wenn ich das richtig – ich bin sehr vorsichtig, aber ich glaube, da einige Faktenkenntnisse doch auch richtig zu haben. Das ist sicher richtig, daß das beschlossen worden ist. Nur hat Herr Späth in der Debatte im September gesagt, daß die Landesregierung im Bundesrat diese Position nicht vertreten könne.

Zeuge Niefer: Wir haben auf der Kanada-Reise über viele Dinge gesprochen, aber über den Katalysator nicht.

Abgeordneter Bebber, SPD: Das wissen Sie definitiv? Also es ist nicht etwa so, daß Sie sich nicht mehr daran erinnern, sondern Sie sagen **(Zeuge Niefer:** Ich weiß das nicht mehr!) »über Katalysator-Einführung ist auf keinen Fall gesprochen worden«?

Zeuge Niefer: Wir haben eine Urlaubsreise gemacht. Ich kann mich da nicht mehr erinnern, daß wir über Katalysatoren geredet haben, weil das Thema war ja gelaufen.

Abgeordneter Bebber, SPD: Nach der Debatte im September zu urteilen, also im nachhinein zu urteilen, war das Thema nicht gelaufen. Deshalb meine Frage. Ich frage nur, weil Sie sagen: Unter Freunden macht man ja auch Geschäfte. – Ist völlig in Ordnung! Sie sagten vorhin, daß Sie in anderem Zusammenhang keinen unsachgemäßen Einfluß versucht haben zu nehmen. Sie könnten ja einen sachgemäßen Einfluß versucht haben zu nehmen. Also, Sie schließen das definitiv aus, daß über die Katalysator-Geschichte auf dieser Urlaubsreise zwischen Ihnen ...

Zeuge Niefer: Ich habe eben gesagt. Ich kann mich nicht mehr erinnern.

Abgeordneter Bebber, SPD: Aha. Das heißt also auch: Sie können es nicht ausschließen, daß darüber gesprochen worden ist.

Zeuge Niefer: Das ist richtig.

Abgeordneter Bebber, SPD: Wie war das denn mit der Kostenteilung dieser Reise, Kanada-Reise?

Zeuge Niefer: Ich habe meinen Flug selber bezahlt, für die Familie selber bezahlt, und das Wohnmobil habe ich selber bezahlt. Ich bin ja dann anschließend nach Vancouver, nach Chicago, nach Südamerika geflogen. Ich habe also meine Reise selber bezahlt.

Abgeordneter Bebber, SPD: Entschuldigen Sie! Meine Frage war unpräzise. Ich wollte natürlich wissen, wie das mit der Kostentragung bezüglich Herrn Späth und seiner Familie war.

Zeuge Niefer: Ich habe da keinen Beitrag geleistet.

Abgeordneter Bebber, SPD: Definitiv?

Zeuge Niefer: Definitiv. Ich müßte sagen. Eigentlich hat Herr Späth noch gezahlt; denn der hat jeden Abend gekocht.

Abgeordneter Bebber, SPD: Aha. Hat es geschmeckt?

Zeuge Niefer: Sehr gut.

(Heiterkeit)

Ein Stuttgarter Wirtschaftsanwalt macht mit Geld und Reisen Politik und eigene Geschäfte

Die Affäre Strobel

Wenn der Anwalt Dr. Lothar Strobel, leicht gebeugt mit schlurfendem Schritt, die schmächtige Gestalt in einem hocheleganten, dunklen Zweireiher, das Haar leicht fettig, strähnig, aus dem Untersuchungsausschuß des Stuttgarter Landtags ging, dann flüsterten einige Journalisten beinahe erfurchtsvoll: »Der Pate!« Der Vergleich stimmt wie so viele Journalisten-Schnellvergleiche nicht, aber sicherlich ist richtig, daß Strobel eine zentrale Figur im Umfeld Späths war. Strobel und Späth sind seit 1980 befreundet.

Über seine Tätigkeit als Generalbevollmächtigter der Zahnpastafabrik in Mainz, deren Verkauf er an den Konzern »Procter & Gamble« organisierte, und seine erfolgreiche Wirtschaftskanzlei, zählt Strobel zu den vermögendsten Anwälten Baden-Württembergs. Vielen jungen Wirtschaftsanwälten in Stuttgart ist Strobel ein leuchtendes Vorbild und seine Kanzlei ihr Ziel. Strobel stammt aus Sigmaringen im Donautal. Sein Vater war Oberschulrat, seine Schwester ist mit einem früheren Regierungspräsidenten aus Tübingen verheiratet. Strobel hat in Tübingen Jura studiert.

Obwohl Strobel als Reisefinanzier von Ministerpräsident Späth zum engen Freundeskreis gehörte, ist er Journalisten bei Späth-Empfängen nicht aufgefallen. Wahrscheinlich zeigte er sich auch selten bei solchen Anlässen. Seine Art war es, im Hintergrund zu bleiben und Geschäfte in Gang zu bringen. Strobel hatte sich in den sechziger Jahren bei den »Blendax«-Familiengesellschaftern in Mainz als steuerkundiger Jurist eingeführt. Strobel wurde Generalbevollmächtigter der Zahnpflegefirma (Werbeslogan: »Damit Sie auch morgen noch kraftvoll zubeißen können.«). Zunächst war Strobel Generalbevollmächtigter der Frau von Rautenkranz, der Hauptgesellschafterin – sie

Zeuge Dr. Strobel vor dem Untersuchungsausschuß

starb 1977 –, später Generalbevollmächtigter des Verwaltungs-
rates.

Strobel residierte in Stuttgart und regierte mit harter Hand
und entscheidungsfreudig in Mainz. Immer wieder hatte Strobel Kaufinteressen bei den »Blendax«-Werken abzuwehren.

1987 arrangierte Strobel den Verkauf des florierenden Unternehmens »Blendax« an den amerikanischen Konzern »Procter & Gamble«. Die Branche sprach von einem 800-Millionen-Geschäft, sicherlich nicht zum Schaden Strobels. Außerdem ging er in den Aufsichtsrat bei »Procter«.

Strobel konnte sich Politik und Politiker leisten. In Mainz gehörte zu seinem Freundeskreis der SPD-Oberbürgermeister Jockel Fuchs ebenso wie der Staatssekretär aus Ministerpräsident Kohls Kanzlei, Willibald Hilf.

Im Untersuchungsausschuß im Stuttgarter Landtag entstand der Eindruck, daß Strobel vor Späth an dem bayerischen Ministerpräsidenten Franz Josef Strauß Gefallen gefunden hatte und auch Strauß bei Reisen behilflich gewesen war.

Eine Falschaussage? Wie der Anwalt Strobel im Untersuchungsausschuß vergaß, über seine geschäftlichen Beziehungen zu reden.

– Auszug –

Abgeordneter Bebber, SPD: Gut. Es war die Freundschaft, aus der heraus Sie bereit waren, diese Kosten für verschiedene Reisen zu übernehmen. Und das war der einzige Grund?

Zeuge Dr. Strobel: Ja.

Abgeordneter Bebber, SPD: Definitiv?

Zeuge Dr. Strobel: Freundschaft war der einzige Grund.

Abgeordneter Bebber, SPD: Definitiv?

Zeuge Dr. Strobel: Definitiv.

Abgeordneter Bebber, SPD: Das heißt, sind Sie denn in anderen Zusammenhängen für das Land Baden-Württemberg selbst tätig geworden?

Zeuge Dr. Strobel: Weder für das Land noch für eine öffentliche Körperschaft noch für irgend etwas...

Abgeordneter Bebber, SPD: Für irgend sonst eine Einrichtung des Landes?

Zeuge Dr. Strobel: Nein.

Abgeordneter Bebber, SPD: Sie haben auch nicht mit dem Land Baden-Württemberg geschäftlich zu tun gehabt in dem Zusammenhang, daß Sie Mandanten vertreten haben?

Zeuge Dr. Strobel: Des Landes Baden-Württemberg?

Abgeordneter Bebber, SPD: Das heißt Beziehungen zwischen Mandanten und dem Land Baden-Württemberg oder irgendwelcher Einrichtungen des Landes.

Zeuge Dr. Strobel: Nein.

Abgeordneter Bebber, SPD: Haben Sie keine Mandanten in diesem Zusammenhang vertreten?

Zeuge Dr. Strobel: (schüttelt den Kopf) Ich kann Ihnen auch die Frage im vorhinein beantworten: Herr Späth hat auch keine Mandanten vermittelt. Daß wir da ganz klar sehen.

Abgeordneter Bebber, SPD: Das hätte ich Sie überhaupt nicht gefragt.

Zeuge Dr. Strobel: Bitte, warum nicht!

(Abg. Schlauch, GRÜNE: Was wir fragen, das überlassen Sie schon uns!)

... und was ich antworte, auch.

(Heiterkeit)

Vorsitzender Birzele: Mit dem Unterschied, daß Sie in der Wahrheitspflicht stehen.

1977 war Strobel einmal in Mainz hin und her gerissen zwischen den CDU-Freunden und dem SPD-Oberbürgermeister. Wegen einer in Ostberlin lebenden, unter den Nazis geflüchteten Schriftstellerin gab es politischen Ärger um die Ehrenbürgerwürde der Mainzer Gutenberg-Universität. Die CDU war zum großen Teil gegen die »Kommunistin«, Oberbürgermeister Fuchs dafür und wollte seine Ehrung annehmen. Strobel stand zur Würdigung als Ehrenbürger der Universität auch an, verzichtete wegen der »Kommunistin«, nahm aber dann doch an.

Gleich in seinen ersten Sätzen vor dem Stuttgarter Untersuchungsausschuß begab sich Strobel in die Gefahr einer Falschaussage. In etwas nuscheligem und krächzendem Honoratioren-Schwäbisch las Strobel vom Blatt, wie sein Verhältnis zu Späth war: »Von Anfang an bis heute war dieses Verhältnis jedoch ausschließlich privat bestimmt.«

Der geschäftstüchtige Strobel wollte in dem Späth-Untersuchungsausschuß gleich vermeiden, daß Beziehungen und Freundschaften etwas mit Geld zu tun haben könnten: »Die

151

ganze Zeit über habe ich weder für einen Mandanten noch für meine Kanzlei noch für mich persönlich einen geldwerten Vorteil im Rahmen dieser Beziehungen angestrebt oder erhalten.«
Im Laufe des Untersuchungsausschusses stellte es sich heraus, daß der Anwalt Strobel für seinen Freund Späth im Laufe der Jahre persönlich mindestens 60 000 bis 80 000 DM aufgebracht hatte, um Reisen und Flüge zu finanzieren, die Firma »Blendax« über 500 000 DM. Der Ausschußvorsitzende und Strobel wurden sich bei den Reisekosten nie einig.

Die Aussage, daß er als Anwalt keinen Vorteil hatte, mußte Strobel dann korrigieren. Die Staatsanwaltschaft ermittelte wegen des Verdachtes auf Falschaussage vor dem Untersuchungsausschuß wegen verschiedener Punkte. Denn Strobel war mehrfach geschäftlich mit dem Ministerpräsidenten zusammen. Strobel stellte dann dar, er habe die Voraussetzungen im Zusammenhang mit dem Untersuchungsausschuß und seinen Beweisanträgen anders gesehen, und so scheint dieses Verfahren wegen der Falschaussage eingestellt zu werden, nachdem Strobel einige »Ergänzungen« mitgeteilt hatte.

Ganz sicher ist Strobel einer der rührigsten Reisegefährten von Späth gewesen. 1982 gleich zweimal auf die Philippinen. Strobel, als Konsul der Philippinen, brachte Späth mit dem Diktatorenehepaar Marcos zusammen. Später geriet der Ministerpräsident in Stuttgart immer wieder bei dem Gedanken an Frau Marcos ins Schwärmen. Bei diesen Reisen fielen für SEL Aufträge ab. Einige Reisekosten teilten sich wiederum die Herren Schlampp von dem Baukonzern »SÜBA« und Strobel. Wieder war die Rede im Untersuchungsausschuß von Kostenanteilen für Späth. Strobel bestätigte dann den Ausdruck »Bruchteile« der Reisekosten. Strobel hatte allerdings nicht einmal »Bruchteile« verlangt. Strobel und Schlampp hatten so etwas wie einen Reisepool für die Fahrgemeinschaft mit Späth.

Die Männerfreundschaft Späth/Strobel – eine vorteilhafte Beziehung

Dr. Lothar Strobel ist ein kunstinteressierter, politischer Mensch. Er liebt es, einen Ministerpräsidenten bei sich zu haben, um mit ihm über Kunst und Politik zu reden. Nach allem, was der Reporter von Ohrenzeugen gehört hat, waren diese Diskussionen nicht spannungsfrei. Strobel ist nicht der Typ eines charmant-elegant plaudernden Gastgebers. Er kann unangenehm direkt, kurz angebunden, zynisch und immer machtbewußt sein. Oft war er anderer Meinung als Späth. Diskussionsteilnehmer haben solche Gespräche zum Teil als unangenehm empfunden, weil sie manchmal nicht den Eindruck hatten, daß hier zwei gleichberechtigte Partner diskutierten. Offenbar konnte Strobel auch grob und arrogant gegenüber Späth werden, Späth ließ es zu. Alles deutet darauf hin, daß Strobel politisch konservativer als Späth ist, in der Kunst eher moderner und bizarrer. In Strobels Villa in Lugano ist demnach der Beuys-Liebhaber zu erkennen. In einem Schriftsatz des Staatsministeriums für den Untersuchungsausschuß ist zu sehen, wie sehr Strobel versuchte, die Kunstpolitik des Landes Baden-Württemberg zu beeinflußen, sich aber mit seiner Einseitigkeit für Beuys nicht durchsetzen konnte.

Strobel hatte offen zu erkennen gegeben, daß die finanziellen »Blendax«-Mittel, die er für Späth einsetzte, nicht schlichte Freundschaftsdienste waren. Er hat für die Firma »Blendax« auch einen Vorteil gesehen. Solche Unternehmen bräuchten ständige politische Kontakte, müßten Gesprächspartner im politischen Raum haben. Was dies aber der Firma »Blendax« nützen sollte, ohne eine konkrete Einflußnahme der politischen Gesprächspartner im Marktgeschehen oder in der Infrastruktur, wollte oder konnte Strobel im Untersuchungsausschuß nicht sagen. Indirekt verglich Strobel die Kontaktpflege zu einem hochrangigen Politiker mit der Kundenpflege, wo es auch hohe Kosten gebe, aber keinen Umsatz.

Ein Politiker als hautschonendes Pflegemittel für einen Pflegemittel-Konzern. Am Beispiel »Blendax« und Strobel läßt sich auch auffallend gut die unterschiedliche Entwicklung von kapitalistischen Systemen in ihrer Einstellung und ihrem Umgang mit Politikern bewundern. Während »Blendax« und Strobel in der Politikerpflege noch einen Vorteil und eine wichtige unternehmerische Entscheidung sahen, sind manche amerikanische Unternehmen von einer seltsam anmutenden, anachronistischen Zurückhaltung. Obwohl amerikanische Konzerne nicht gerade als zimperlich und zurückhaltend gelten, wenn es um ihren Vorteil geht. Es gibt amerikanische Unternehmen, die, aus ihrer puritanischen Entstehungsgeschichte heraus, großen Wert auf Zurückhaltung bei Politikern und Parteien legen.

Manche schreiben dies sogar in ihre Unternehmensgrundsätze hinein. So ist zu erklären, warum der amerikanische Computerriese »IBM« immer versuchte, zur baden-württembergischen CDU Distanz zu wahren, und selbst vor massiven Drohungen eines CDU-Schatzmeisters wegen Parteispenden nicht weich wurde. Obwohl dieser Konzern schließlich auch eine offensichtliche Abhängigkeit gegenüber dem Land hat: Das Land ist Kunde, und das Land muß Firmenstandorte genehmigen, und das Land schafft Rahmenbedingungen, zum Beispiel die Genehmigung von Sonntagsarbeit. All dies ist nach heutiger Erkenntnis offenbar zu schaffen, ohne daß eine Firma in das Zwielicht von mehr oder weniger verdeckter Korruption gerät. So ähnlich denkt auch der Waschmittelkonzern »Procter & Gamble«, der »Blendax« kaufte. Von diesem Tag an gab es für den baden-württembergischen Ministerpräsidenten keine Flüge mehr von der Nachfolgefirma »Blendax«, was aber »Procter & Gamble« nicht davon abhielt, vom Land Baden-Württemberg an Subventionen herauszuholen, was irgend möglich ist, und zwar mit hemdsärmligen Methoden im internationalen Subventionsvergleich. Dabei durfte der Aufsichtsrat Strobel aus dem Konzern wieder helfen.

In seiner Zeugenaussage vor dem Untersuchungsausschuß wurde auch offenbar, welche finanzielle Welten einen Politiker mit einem Jahreseinkommen von knapp 300 000 DM im Jahr von einem erfolgreichen Mann aus der Wirtschaft trennen. Aus den Aussagen von Strobel war geradezu tiefes Mitleid und Anteilnahme zu hören. Strobel ließ erkennen, daß er einen Ministerpräsidenten für einen armen Schlucker hält und daß es ihm, dem Vermögenden, Spaß gemacht habe, einen Ministerpräsidenten bei sich zu haben.

Der Ministerpräsident, ein armer Schlucker? – Der Anwalt Dr. Lothar Strobel im Untersuchungsausschuß zu der Frage, warum er eigentlich so gern mit Ministerpräsident Späth verreiste.

– Auszug –

Abgeordneter Dr. Ulrich Goll, FDP/DVP: Ich muß sagen, es geht mir weniger darum, an den Betrag anzuknüpfen, sondern, wenn ich so sagen darf, an die Freundschaft, wobei ich noch mal sage, es ist Ihre private Angelegenheit. Aber als Ausschußmitglied darf ich vielleicht dazu fragen, zu dem Umstand, der mich irgendwie wundert. Wie gesagt, bei einem Freund würde man doch daran denken: »Das nächste Mal übernimmt er meinen Anteil.« Oder haben Sie gedacht: »Als Ministerpräsident ist er ein armer Schlucker. Das übernehme ich?«

Zeuge Dr. Strobel: Theoretisch ja. Praktisch auch.

Abgeordneter Dr. Ulrich Goll, FDP/DVP: War da außer der Freundschaft vielleicht nicht auch ein Stück Spaß im Spiel: Jetzt halte ich mir einen Ministerpräsidenten?

Zeuge Dr. Strobel: Dann hätte ich es ja irgendwann mal ausnützen müssen.

Abgeordneter Dr. Ulrich Goll, FDP/DVP: War das nicht vielleicht schon selber der Spaß, der reicht, wenn man viel Geld hat?

Zeuge Dr. Strobel: Worin soll der Spaß bestanden haben?

Abgeordneter Dr. Ulrich Goll, FDP/DVP: Allein in dem Umstand, daß es so war. Es kann ja vielleicht Spaß machen, daß man einen Ministerpräsidenten dabei hat.

Zeuge Dr. Strobel: Na ja. Das ist die Frage der eigenen Lebensgestaltung. Und die muß jeder für sich beantworten.

Von irischen Milchkühen, Parteispenden, Mandanten und Grundstücksverhandlungen

Die Geschäfte des Lothar Strobel mit Lothar Späth

1985 war die Familie Späth auf Strobels Farm in Irland. Wie immer führte Späth auch gleich politische Gespräche. Im Untersuchungsausschuß kam der Verdacht auf, Späth habe sich beim irischen Ministerpräsidenten für eine höhere Milchquote für die Strobel-Farm eingesetzt. Schließlich hatte auch der Hohenheimer Universitätspräsident und Agrarprofessor Erwin Reisch sich Strobels Farm und Milchprobleme angeschaut. Die Frage war nicht abwegig, denn offenbar war es für Späth nicht außergewöhnlich, sich um die Probleme seiner Gastgeber zu kümmern.

Auch bei dem Stuttgarter Reisebüro Hetzel gab es solch eine Anekdote, als sich Späth in Ägypten in einem Hetzel-Hotel erholte und in Kairo politische Unterstützung eingeholt haben soll.

Doch auf eine entsprechende Frage im Untersuchungsausschuß sagte Strobel zu dem Abgeordneten der GRÜNEN, Rezzo Schlauch, nur verächtlich: »Nein, nein, wie Sie sich die Weltpolitik vorstellen!«

Aus welchen Gründen auch immer, ob die Milchquote wichtig war oder nicht, Strobel verkaufte seine Farm in Irland. In Zusammenhang mit Irland gab es noch einen möglichen Berührungspunkt zwischen Strobel und Späth. Hatte Strobel Probleme bei Mandanten mit dem Doppelbesteuerungsabkommen, hatte er vielleicht den Ministerpräsidenten darum gebeten, etwas zu unternehmen, womöglich über den Bundesrat? Aber wieder einmal konnte sich Strobel nicht daran erinnern.

Dem Erinnerungsvermögen Strobels halfen aber dann bei anderen Projekten mit anderen Mandanten Beweisanträge des Untersuchungsausschusses nach, die das Staatsministerium penibel erläuterte. Es ging um mögliche geschäftliche Kontakte des Dr. Strobel mit der Landesregierung.

Danach war von Strobel plötzlich ein völlig neues Bild entstanden. Das war nicht nur der treusorgende Freund und das heimliche Reisebüro des Ministerpräsidenten, sondern das war der knallharte Anwalt, der hinter Geschäften her war, der Termine beim Ministerpräsidenten forderte, der holländische Geschäftsleute mit dem Ministerpräsidenten in seinem Büro einschließlich eines Staatssekretärs zusammenbrachte, der sich Termine vom Staatsministerium in Südostasien arrangieren ließ, um Geschäfte zu machen, der als Aufsichtsrat von »Procter & Gamble« dabei war, als es um Millionen-Subventionen für seine Firma ging.

Was in der farbenfrohen Mischung aus Politik und Wirtschaft noch fehlte, war das Thema Parteispenden. Strobel ließ nichts aus. Es ging um einen dieser Berufsverbände, die zur Parteienfinanzierung beitrugen. Für die CDU. Obwohl der CDU-Landesvorsitzende Lothar Späth hieß, soll er damals nicht mit Strobel darüber gesprochen haben. Die Kanzlei Strobel vertrat den Berufsverband. Die Kanzlei Strobel übernahm den Fall kurz nachdem Strobel und Späth zusammen auf den Philippinen gewesen waren. Zufall. Gegen den Verband lief ein steuerstrafrechtliches Ermittlungsverfahren der Staatsanwaltschaft. 1983 fand ein Gespräch im Finanzministerium wegen der steuerlichen Behandlung des Verbandes statt. Obwohl Strobel dieses Projekt nicht selbst bearbeitete, ließ er es sich nicht nehmen, bei der Besprechung in der oberen Etage des Finanzministeriums dabei zu sein.

Eine Beziehung muß gepflegt werden. Der Anwalt Dr. Lothar Strobel im Untersuchungsausschuß zu der Frage, warum »Blendax« für Späth flog.
– Auszug –

Zeuge Dr. Strobel: Mit diesen Zuwendungen waren überhaupt keine konkreten Absichten oder konkreten Ziele verbunden oder sind mit diesen Zuwendungen von mir verfolgt worden. Meine Motivation bei diesen Zuwendungen war vielmehr folgende: »Blendax« war ein eher mittelständisches Unternehmen mit dem Kern seiner Märkte in Zentraleuropa. Ein solches Unternehmen braucht ständige politische Kontakte, muß Gesprächspartner im politischen Raum haben. Dies führte mich zu der unternehmerischen Entscheidung, seitens der »Blendax« diese Flüge zur Verfügung zu stellen. Das ist der Hintergrund; nicht mehr und nicht weniger. Ich schließe irgendeine konkrete Einflußnahme mit aller Entschiedenheit aus.

Auch ganz unabhängig von Zuwendungen haben weder ich noch nach meiner Kenntnis sonst jemand von »Blendax« je von Herrn Späth oder einem Mitglied der Landesregierung eine Einflußnahme verlangt.

Sie werden mich fragen, seit wann ein gewinnorientiertes Unternehmen Kosten aufwendet, ohne daß dies sich im Umsatz oder Ertrag niederschlägt. – Wie Sie wissen, ist »Blendax« ein Markenartikler. Reine Markenartikler müssen jährlich Millionen ausgeben, ohne daß dieser Aufwand sich meßbar an Umsätzen oder Erträgen niederschlägt. Es gibt eine Vielzahl von Marketingmaßnahmen, die keinerlei Umsatz haben. Es müssen hohe Kosten für Imagepflege, zur Pflege der Kunden und Geschäftsbeziehungen und so weiter ausgegeben werden.

. . .

Abgeordneter Dr. Ulrich Goll, FDP/DVP: Ich habe nur noch eine ergänzende Frage. – Es ist ja in der Tat so, daß 1987 die Flüge dann aufhören, nahezu wie abgeschnitten. Sie haben eigentlich im wesentlichen schon die Frage damit beantwortet, daß das Unternehmen »Blendax« damals verkauft wurde an »Procter & Gamble«.

Zeuge Dr. Strobel: Ja.

Abgeordneter Dr. Ulrich Goll, FDP/DVP: Aber jetzt hätte theoretisch der Herr Späth bei »Procter & Gamble« weiterfliegen können, es sei denn, entweder Ihr Einfluß wäre nicht mehr vorhanden gewesen, oder war es die andere Unternehmensphilosophie?

Zeuge Dr. Strobel: Das war eine völlig andere Unternehmensphilosophie. »Procter & Gamble« unterstützt keinerlei Politiker, Parteien oder ähnliche Dinge mehr.

...

Abgeordneter Bebber, SPD: Jetzt haben Sie gesagt: »Procter & Gamble« unterstützt keinerlei Parteien und Politiker. – Vorhin sagten Sie aber: »Bei ›Blendax‹ war das ja Werbung«, wenn ich das so allgemeinverständlich sagen darf.

Zeuge Dr. Strobel: Es gibt verschiedene Unternehmensphilosophien. Ich kann Ihnen mal die 14 Unternehmensgrundsätze von »Procter & Gamble« schicken. Die lesen sich wie die Zehn Gebote, nur noch etwas überzogener. Aber bitte!

Abgeordneter Bebber, SPD: Haben Sie das dann doch so gesehen, daß »Blendax« eben Parteien und Politiker unterstützt hat?

Zeuge Dr. Strobel: Vielleicht schon. Es gab auf jeden Fall diesen Grundsatz nicht. Und der ist bei »Procter« festgeschrieben.

Strobels Monopoly

Mitte der achtziger Jahre sondierte eine der bedeutendsten, aber in der Öffentlichkeit unbekannten Gruppen für Vermögensanlagen, die holländische »RODAMCO«-Gruppe, die Möglichkeit, in das baden-württembergische Grundstücksgeschäft einzusteigen. Die Anleger wandten sich an das Staatsministerium, doch die verwiesen an das Finanzministerium. Obwohl die Verbindung Strobel – Späth in Journalistenkreisen so gut wie unbekannt war, im internationalen Busineß wußte man Bescheid. Die »RODAMCO« wandte sich an Dr. Strobel und bat um Kontaktaufnahme mit dem Ministerpräsidenten. Kein Problem.

Am 27. November 1987 saßen die Herren zusammen auf dem Sofa in Strobels Wohnung über der Kanzlei. Die »RODAMCO« hat in den letzten Jahren nach Strobels Angaben zwischen 30 bis 40 Milliarden Mark bewegt. Späth machte die »RODAMCO« zur Chefsache, er befürwortete das Engagement der Holländer. Er versprach, daß sich das an sich nicht zuständige Staatsministerium weiter darum kümmern werde. Auf »Strobels Sofa« ging es schon um präzise große Millionenprojekte in Stuttgart. Nicht genug. Die Holländer wollten Exklusivinformationen über die Überlegungen des Landes, größere landeseigene Komplexe zu verändern. Locker heißt es in der Aktennotiz des Staatsministeriums: »Der Herr Ministerpräsident sagte zu, daß er bereit sei, die Gruppe bei geeigneten Projekten zu informieren.« Späth gab Anweisung, im Falle des landeseigenen Grundstückes Keplerstraße 10 in Stuttgart, »die Entscheidung möglichst voranzubringen«. Es ging auch um mögliche Projekte in Karlsruhe, Freiburg und Mannheim.

Diese Art von Grundstücksinformation war auch für baden-württembergische Beamte neu. Hier sollten einem Unternehmen Informationen zugeschanzt werden, die Millionen wert waren. Wer diese Informationen über Grundstücke in mehreren Städten Baden-Württembergs besaß, der konnte in beste Wettbewerbsposition kommen.

Solche Tricks gibt es nicht einmal bei dem »Monopoly-Spiel«. Aber vielleicht kann dieses Spiel um folgende Regel erweitert werden: »Wer zwei Sechsen würfelt, der hat einen Anwalt, der was kann, halt, rücke vor auf das Sofa des Anwalts, der Ministerpräsident ist schon da, Du kannst die Keplerstraße 10 kaufen.«

Doch so schön wie im »Monopoly-Spiel« ist die harte Geschäftswelt doch nicht. Aus den schönen Grundstücksträumen wurde überhaupt nichts, und Strobel war felsenfest der Meinung, es sei nicht Einfluß genommen worden.

Wenn das Sofa des Wirtschaftsanwalts zur Regierungsbank wird. Dr. Lothar Strobel im Untersuchungsausschuß zu einem nicht außergewöhnlichen Fall.
– Auszug –

Vorsitzender Birzele: Nun ist dieses Gespräch, das bei Ihnen in der Wohnung am 27. November 1987 geführt wurde, unterschiedlich bezeichnet worden: Sonderbehandlung, außergewöhnlich. – Der Zeuge Staatssekretär Menz hat dies für einen ganz normalen Fall gehalten,

(Zeuge Dr. Strobel: Ich auch!)

... allerdings in seiner gesamten Zeit von 1984 bis 1991 keinen weiteren solchen normalen Fall erwähnt. Deshalb meine Frage an Sie: Wie haben Sie denn diese Kontaktaufnahme gesehen? Wie haben Sie denn das bewerkstelligt? Denn ich komme immer noch nicht ganz dahinter, daß Sie Ihren Freund Lothar Späth dann einsetzen in seiner Funktion als Ministerpräsident, um Mandatsverhältnisse zu begründen.

Zeuge Dr. Strobel: Wie weit diese Verhandlungen mit der »RODAMCO« gediehen waren, wußte ich nicht. Mir sagte also mein Kollege Stefan, die würden gern mal jetzt Klarheit haben, wie das mit dem Mittnachtbau ist. Damals wurde ja der Mittnachtbau an Interessenten begangen mit Beamten des Finanzministeriums. Das war ja eine ganz offizielle Angelegenheit. Die »RODAMCO« hatte Pläne gemacht und ähnliches mehr. Dann kam der Presseartikel über die Nichtveräußerung von Krongut, und, und, und.
    Die möchten gern wissen, wie weit das ist. Könnten die mal ein Gespräch haben? – Da habe ich das dem Herrn Späth gesagt. Da hat er gesagt: Treffen wir uns ... (akustisch unverständlich)

Vorsitzender Birzele: Bitte, ich habe den Satz...

Zeuge Dr. Strobel: Treffen wir uns bei dir, weil die Wohnung liegt ja nicht irgendwo außerhalb, sondern ist ja oberhalb des Büros bei mir.

Vorsitzender Birzele: Das war der Vorschlag von Herrn Späth,

(Zeuge Dr. Strobel: Ja!)

daß diese Sache bei Ihnen in der Wohnung...

Zeuge Dr. Strobel: Können wir die einmal kennenlernen; können wir reden drüber.

Vorsitzender Birzele: »Und dazu«, hat Herr Späth gesagt, »bringe ich auch noch meinen Staatssekretär mit«?

Zeuge Dr. Strobel: Ja, das war ja offiziell. Ob das jetzt eine Etage tiefer im Büro stattgefunden hätte oder im Staatsministerium stattgefunden hätte.

Vorsitzender Birzele: Ja nun, Herr Strobel, ich halte es auch für außergewöhnlich, daß ein Ministerpräsident sich sozusagen zur Kontaktaufnahme über erste anzubahnende Geschäfte in eine Kanzlei begibt. Normalerweise kommen Interessenten zum Ministerpräsidenten und nicht umgekehrt.

Zeuge Dr. Strobel: Das mag...

Vorsitzender Birzele: Das ist meine Vorstellung. Ob ich recht habe, weiß ich nicht.

Zeuge Dr. Strobel: Vice versa.

Vorsitzender Birzele: Also Sie halten es nicht für außergewöhnlich?

Zeuge Dr. Strobel: Nein.

Vorsitzender Birzele: Jedenfalls nicht, was Sie betrifft?

Zeuge Dr. Strobel: Auch nicht, was Baden-Württemberg nur betrifft.

> **Vorsitzender Birzele:** Sind denn weitere Gespräche zur Anbahnung von Mandatsverhältnissen oder im Rahmen von Mandatsverhältnissen mit dem Ministerpräsidenten in Ihrer Wohnung oder in Ihrer Kanzlei geführt worden?
>
> **Zeuge Dr. Strobel:** Nach meiner Erinnerung nicht.
>
> **Vorsitzender Birzele:** Dann war es ja eigentlich auch für Sie ein außergewöhnlicher Vorgang?
>
> **Zeuge Dr. Strobel:** Ein Nachtessen mit dem Ministerpräsidenten und anderen in meiner Wohnung war kein außergewöhnlicher Vorgang.

Strobels staatliches Reisebüro

Früher, als die Sowjetunion noch ein richtiges sozialistisches, planwirtschaftliches Land war, wurde dort sicher so verfahren: Wollte ein Betrieb Auslandsgeschäfte abwickeln, dann wandte sich der Betrieb an ein Ministerium. Das Ministerium schrieb die Botschaften in den gewünschten Ländern an. Vielleicht versuchte man die Bedeutung der Delegation zu steigern, indem man in der Planung andeutete, ein wichtiger Minister sei dabei. Die Termine wurden fixiert, die Botschafter schrieben zurück, sie würden die Besuchergruppe unterstützen, und sie würden die gewünschten Gesprächspartner vermitteln. »Mit Schreiben des Ministeriums vom 30. Oktober 1989 an die Botschafter Singapurs, Indonesiens, Thailands und Hongkongs wurden die Lebensläufe der Reiseteilnehmer sowie das vorläufige Reiseprogramm übersandt«, notierte das Ministerium zufrieden.

Doch hier arbeitete kein staatliches Reisebüro in Moskau und kein Ministerium für planwirtschaftliche Exporte und Investitionen, sondern hier arbeitete das Staatsministerium in Stuttgart für die Anwaltskanzlei Dr. Strobel. Eine Investorengruppe des Wirtschaftsanwalts wollte Kapitalanlagen und Investitionsmöglichkeiten in Südostasien sondieren. Warum sollte Strobel den normalen, etwas »steinigen« Weg anderer Investoren gehen, wenn er »die staatliche Rennbahn« nutzen konnte?

Obgleich die Vorbereitungen des »Staatlichen Reisebüros« Staatsministerium perfekt waren, zeigte die Reise keine Erfolge. Strobel konnte nicht mit nach Südostasien, Späth wollte diesmal wahrscheinlich sowieso nicht mitreisen, und in Südostasien hatten sich keine Geschäfte für die Investorengruppe entwickeln lassen.

Strobel und die Kunst

Neben der Politik ging es dem Anwalt Dr. Lothar Strobel in der Freundschaft mit dem Ministerpräsidenten Lothar Späth um Kunst-Diskussionen. Aber nicht nur um Diskussionen. Ähnlich wie in der Politik und der Wirtschaft, mischte Strobel hier kräftig mit. 1987 wollte Späth in Stuttgart ein »Haus der Gegenwartskunst« planen. Späth nahm Kontakt zu dem Berliner Bauunternehmer Erich Marx auf. Marx war langfristig auf der Suche nach einem Museum für seine Sammlungen, weil er gern noch zu Lebzeiten seine bedeutende Joseph Beuys-Sammlung in einem Museum installiert haben wollte. Marx' Kunstwerke sollten vertraulich geschätzt werden, so Späths Vorhaben. Als Schätzer wurde nicht ein baden-württembergischer Kunstkenner benannt, sondern eine Galerie in Wien. Die Galerie-Chefin war eine gute Bekannte von Strobel.

1986 gab es auch einmal einen Späthschen Staatsbesuch in Wien, der um eine Vernissage dieser Wiener Galerie gebastelt wurde – oder umgekehrt. Den Staatsbesuch finanzierte Lothar Strobel.

Auch aus dieser Geschichte wurde nichts – der Reporter im Untersuchungsausschuß wurde langsam unruhig, wann denn in den vielen Strobel-Geschäften auch einmal etwas geklappt haben könnte. Die Schätzung kam nicht zustande, aus dem »Haus der Gegenwartskunst« wurde nichts, aus Beuys nichts, die Marx-Sammlung kam nicht nach Baden-Württemberg.

Im Untersuchungsausschuß flackerte die private Kunstpolitik des zehn Jahre älteren Strobel und des zur liberalen Kunst erst spät berufenen Ministerpräsidenten kurz auf. Es ging um die Frage, ob Strobel in irgendeiner Art und Weise mit einer privaten Bildersammlung Späths etwas zu tun haben könnte. Strobel war in den Antworten auffallend bemüht, erst einmal die genaue Frage zu recherchieren, gab zum Teil unpräzise Antworten oder gab ungefragt Kunstweisheiten von sich: »Ein Sammler verschenkt nichts.« Dann wurde Strobel präzise: nichts geschenkt, nichts gekauft, nichts verkauft, nichts Ähnliches. Dennoch bleibt ein Kunst-Fragezeichen. Den Reportern wurde eine Liste von Bildern zugespielt. Von Beuys bis Rainer. Kunst, wo kommst du her, Kunst, wo gehst du hin?

Dem Berliner Kunstsammler Erich Marx geht es »um Kunst, die nicht nur oberflächlich ist, sondern in der menschlichen Substanz anspricht«.

Strobel und der Sturz

Es könnte sein, daß der Stuttgarter Wirtschaftsanwalt Dr. Lothar Strobel unbewußt zum schnellen politischen Ende des Ministerpräsidenten beigetragen hat. Von Freunden erwartet man, daß sie vor Gefahren rechtzeitig warnen. Offenbar hatte Strobel keine Gefahr gesehen, obwohl er doch politische Einsichten hat. Auch der langjährige Freund Lothar Späths, sein Sprecher und Berater Matthias Kleinert, der eine politische Nase hat, war offensichtlich nicht in der Lage, zu warnen und eine Gefahr für Späth zu sehen. Wahrscheinlich ist, daß beide, Strobel und Kleinert, ähnliche Realitätsverluste hatten wie Späth.

Als der »SPIEGEL« eine Hoteladresse in Malaysia veröffentlichte, die Strobel bezahlt hatte, die Späth unter Decknamen besucht hatte, sah sich Späth veranlaßt, in aller Öffentlichkeit ungefragt, in einem seltsamen negativen »Coming-out« zu sagen, er sei kein Playboy – das war wahrscheinlich einer der Auslöser für den Rücktritt. Obwohl Playboys in unserer Gesellschaft akzeptiert sind, politische Playboys überleben können, Politikern dies nicht immer zum ruinösen Nachteil angerechnet wird (siehe Strauß), Späth auch schon einmal ein »Playboy«-Interview gegeben hatte, wollte Späth offenbar eine Playboy-Diskussion vermeiden. Zumal diese Diskussion niemand sofort hätte abwürgen können unter dem Hinweis: Privatsphäre. Diese Diskussion wäre vor dem Hintergrund eines fremdfinanzierten Luxusumfeldes geführt worden, womöglich mit neuen politischen, wirtschaftlichen Verstrickungen. Das wollte Späth nicht.

Hetzel-Reisen

Es war Pfingstsamstag 1990. Pressetreff mit dem Ministerpräsidenten Lothar Späth in Stuttgart in der Alexanderstraße 112. Der Reporter hatte mit einem Kollegen Wetten verloren. Die Wette des Reporters ging um die geplante Fusion der Rundfunkanstalten im Südwesten. Der Reporter war der Meinung gewesen, Späth könne es sich politisch nicht leisten, die Fusion platzen zu lassen, und hatte auf Späth und Fusion gewettet, obwohl er gegen die Fusion war. Unter anderem gehörte der SPD-Landesvorsitzende Uli Maurer zu den Gewinnern der Wette, der Reporter zu den Verlierern.

Zwischen zwei Weißwürsten erzählte Späth sein Pfingstprogramm. Mit der Familie nach Ägypten. Zwischendurch war noch von einem anderen Termin auf Sardinien die Rede. Keiner hörte richtig hin. Der Reporter dachte: »Typisch Späth, da hat er endlich einmal ein paar Tage Zeit, da muß er gleich wieder Hektik in das Pfingstfest bringen.«

Am Tag der Rechtfertigungs-Pressekonferenz von Späth am 7. Januar 1991 fiel dem Reporter die vorpfingstliche Weißwurst wieder ein. Was war das eigentlich für ein Reisedurcheinander an Pfingsten gewesen?

Nach Späths langem Rechtfertigungsmonolog in der Pressekonferenz fragte der Reporter mit der ersten Frage reichlich unwissend: »Wie war denn das Pfingsten vergangenen Jahres?« Späth überlegte, und sofort ging es um Kosten, die er getragen hatte: »Also in Ägypten war ich mit der Familie Pfingsten. Da können Sie die Rechnungsbelege von der Egypt Air einsehen.« Dann wurde Späth etwas zögerlicher und gab sich einen Ruck: »Und da war ich allerdings in dem Hetzel-Hotel, weil ich bei Hetzel gebucht habe. Eingeladen von der Familie Hetzel, drei Tage. Aber die gesamten Reisekosten werde ich Ihnen nachweisen, sind über Egypt Air von uns privat bezahlt worden.«

Der Reporter war verblüfft. Er wußte von der Einladung des Stuttgarter Reisebüros Hetzel gar nichts. Zwischendurch sagte Späth noch einmal in der Pressekonferenz zu dem Reporter: »Wenn Sie vorbeikommen, die Rechnung von Egypt Air zeige ich Ihnen!« Der Reporter machte einen Fehler, er ließ sich die Rechnung nicht zeigen, auch nicht den wahren Umfang der Reise, auch nicht die wahren Gesamtkosten, auch nicht den Anlaß der Ägypten-Reise.

Auch der Untersuchungsausschuß war kaum in der Lage, die Ägypten-Reise und ihre Finanzen ganz zu klären. Abgesehen von den Flugkosten nach Kairo und zurück, gab es noch inner-ägyptische Flugkosten für ein Charterflugzeug von rund 10 000 DM für Hetzel, zusätzliche Hotelkosten. Bei der ersten Zeu-genaussage von Späth hatte es noch so ausgesehen, als sei der Urlaub knapp unter der 1000-Mark-Grenze des Untersuchungs-ausschusses zu vergessen.

Dann stellte sich heraus, es war gar keine Einladung der Familie Hetzel, sondern des Geschäftsführers, und der hatte einen Grund für die Einladung: Hetzel ist an dem »Ghazala-Hotel« auf der Sinai-Halbinsel zu 25 Prozent beteiligt. Das Hotel hatte Probleme mit Abwässern, die die ägyptischen Behörden nicht lösten. Darüber soll Späth mit der ägyptischen Regierung bei seiner Stippvisite in Kairo auch gesprochen haben. Der Geschäftsführer war im Stuttgarter Fernsehen noch damit hausieren gegangen, was Späth für ein toller Politiker sei, der sich für einen Unternehmer auch noch in Kairo ein-setze. Späth sprach im Untersuchungsausschuß dagegen von einem »Witz«. Gleichzeitig versuchte der Geschäftsführer, in sei-ner Buchhaltung die Spuren zu verwischen. Zunächst war die Ägypten-Reise mit fast 25 000 DM auf einem Hetzel-Konto mit der schönen Bezeichnung »Image-Pflege« verbucht worden. Als der Hetzel-Mann mitbekam, daß der Ministerpräsident wegen der Reisen in politische Bedrängnis kam, übernahm er selbst die Kosten. Und zwar privat. Dem Ministerpräsidenten schickte er eine Rechnung für Flugkosten von über 9 000 DM, die dann Späth bezahlte. Der Geschäftsführer entschuldigte die verzögerte Rechnung mit Schwierigkeiten seiner ägypti-schen Partner. Es sieht aber ganz so aus, daß Späth am 7. Januar 1991 bei der Pressekonferenz zwar von der Rechnung wußte, aber noch nicht bezahlt hatte. Auch dieses wird vielleicht nie ganz geklärt.

Es ist schon erstaunlich, welches Abrechnungschaos Späth bei seinen Reisen hinterließ, ob Ägypten oder DDR. Richtig klar ist die Abrechnung nur, wenn andere die Reisen allein bezahlt haben. Auf jeden Fall war die Seniorchefin des Reise-büros und der Familie Hetzel überrascht, als sie von der Hetzel-Reise von Späth in der Zeitung las. »Hat uns des denn was koschtet?« fragte sie ihre Chefbuchhalterin. Die war sich sicher:»Wenn der des hätt' zahlen wollen, dann hätt' der gleich

zahlt«, sagte die resolute Buchhalterin im Untersuchungsausschuß über ihren bisherigen Landesvater.

Es könnte sein, daß dieses eher kleine, aber typische Reise-
detail der einzige justitiable Teil der Ära Späth bleibt. Denn
wenn es sich bewahrheitet, dann bestehen hier direkte Zusammenhänge zwischen einer Einladung und einem Vorteil aus
einer politischen Aktion des Ministerpräsidenten, damit ist
zumindest der Verdacht wegen Vorteilsannahme und Bestechlichkeit erfüllt. So sieht das auch die Staatsanwaltschaft und
ermittelt seit Sommer 1991.

Mit System und vielen Kontakten – die Firma »SYSTEM KONTAKT«

Der politische und wirtschaftliche Wirbel um die Firma
»SYSTEM KONTAKT« wäre unter Umständen nie entstanden,
wenn die »Maultaschen-Connection« noch funktioniert hätte
wie in alten Zeiten.

Als die Firma in Bad Friedrichshall bei Heilbronn in Schwierigkeiten kam, gab es Bestrebungen, den Späth-Freund und
bekannten Konkursanwalt Hans Ringwald als Vergleichsanwalt
zu installieren. Aber das Heilbronner Gericht war stur und
wollte keinen Stuttgarter, sondern setzte den Vergleichsanwalt
Walter Eckelmann aus Heilbronn ein. Als der in die Bücher der
Firma blickte, heulte er so laut auf, daß es bis zum Untersuchungsausschuß in Stuttgart zu hören war. In der Lokalzeitung
in Heilbronn tauchten Eckelmann-Zitate über die Firma
»SYSTEM KONTAKT« auf: »Keinen Pfennig, aber jede Menge
Kredite.« Und: »Die Verluste, die ›SYSTEM KONTAKT‹ pro-
duzierte, kamen den Gesellschaftern zugute, die Gewinne wurden an die Anteilseigner ausgeschüttet und nicht für Investitionen verwendet.«

Die Gesellschaft war die, die hier mehr oder weniger präzise
als »Maultaschen-Connection« bezeichnet wird: der frühere
Landtagspräsident Lothar Gaa, der Mannheimer Bauunternehmer der »SÜBA«, Hans Schlampp, bis 1982 Ministerpräsident
Lothar Späth, der vorher seinen 500 000-Mark-Anteil in Treu-
hand abgegeben hatte, Späths Steuerberater Roland Scheuer,
der CDU-Landtagsabgeordnete Rudolf Decker.

Im Untersuchungsausschuß stellte sich heraus, daß ein Kreditberater in der Landeskreditbank bei der Anteilseignerin Brigitte von Planta dahinter geschrieben hatte: Schwägerin des Ministerpräsidenten.

Bevor die Elektrofirma im Frühjahr 1991 ins Trudeln geriet, hatte sie noch rund 20 Millionen Mark Umsatz. Als das Thema im Untersuchungsausschuß landete, wurde es von Stunde zu Stunde merkwürdiger. Der Heilbronner Wirtschaftsprüfer Fischer hatte bei »SYSTEM KONTAKT« entdeckt, daß die Firma auch schon mal den Kontokorrentkredit strapazierte, um Gewinne auszuschütten. Dafür hätte es nach 1982 aber reichlich Landeskredite gegeben. Fischer: »Ich muß ehrlich sagen, ich kenne kein Unternehmen, das in dieser Größenordnung Darlehen bekommen hat.«

Nach den Aussagen im Untersuchungausschuß hat die frühere Späth-Firma den technischen Anschluß in den achtziger Jahren verschlafen. In der Zeit also, als Späth High-Tech predigte und noch immer Verbindung zu der »SYSTEM KONTAKT« hielt.

Der frühere Aufsichtsratsvorsitzende der »SYSTEM KONTAKT« und Anteilseigner Roland Scheuer bestritt vor dem Ausschuß, die »SYSTEM KONTAKT« habe sich systematisch Firmen in Baden-Württemberg einverleibt, die zuvor hohe Landesförderung kassiert hätten. Bankenvertreter konnten keinen Einfluß von Späth bei der Kreditvergabe feststellen. Doch Steuerberater und Aufsichtsratsvorsitzender Scheuer war schon mal dabei, wenn es um Kredite ging, zum Beispiel in der Landeskreditbank.

Die Wirkung des Namens Scheuer ist spätestens seit dem Telefonat zwischen der Oberfinanzdirektion und dem Finanzamt bekannt.

Die »SYSTEM KONTAKT« behielt ihre Rolle als Ankedotenlieferant in Sachen Späth bis nach dessen Abgang. Der jetzige Inhaber der »SYSTEM KONTAKT« ist ein Lutz Gattnar. Sein Bruder war der letzte Chef von »Zeiss-Jena« in Thüringen. Bruder Lutz half bei der Transaktion Stuttgart – Jena für Späth. Bruder Lutz wollte nämlich mit einer verstärkten Zusammenarbeit »Zeiss«–»SYSTEM KONTAKT« seine Firma retten. Doch kaum war Späth fest im Sattel in Jena, kappte er die Verbindung zu seiner guten alten »SYSTEM KONTAKT«, brach sogar Lieferverträge. »Die Verbindung zur ›SYSTEM KONTAKT‹ ist ihm offensichtlich unangenehm«, meinte Gattnar.

Der Telefonist

Jede »Connection« braucht einen verschwiegenen Mann, der die Vorhut im Auge hat, der weiß, was die Truppe macht und, wenn es sein muß, selbst die Nachhut bildet. Dieser Mann muß alles wissen, alle kennen, alle müssen von seiner Bedeutung wissen – auch wenn sein Dienstgrad unauffällig ist. Er muß seinem Chef die Wünsche an den Augen ablesen können, Schwierigkeiten rechtzeitig erkennen und am besten gleich beseitigen. Er muß Vorteil und Gefahr für seinen Chef erkennen können, muß organisieren und Verbindungen herstellen können und absolutes Vertrauen haben.

Erich Griesinger, 53 Jahre alt, wie Späth ursprünglich gehobener Beamter, durch 17jährige berufliche Begleitung in Späths nächster Nähe aufgestiegen zum Ministerialrat, war ein solcher Mann.

Jetzt nach dem Späth-Rücktritt wurde er vom neuen Ministerpräsidenten Erwin Teufel von der Grundsatzabteilung des Staatsministeriums in das Landwirtschaftsministerium versetzt. Dort soll er die Landwirtschaft Baden-Württembergs mit Sachsen koordinieren. Seine Versetzung wäre nicht notwendig gewesen, wäre er nicht ein solch wichtiger Späth-Mann gewesen.

Nebenbei war Griesinger ein zweiter heimlicher Regierungssprecher, obwohl er mit der Pressestelle nichts zu tun hatte. Griesinger hielt Kontakt zu einigen privilegierten Journalisten am Hofe Lothars.

1987, eines Morgens, erhielt der Reporter einen Anruf von Griesinger. Am Abend vorher war ein wohlmeinend-kritischer Beitrag über Späth im Radio gelaufen. Der 30-Minuten-Beitrag sollte auch ein Kapitel in einem Buch über Späth werden. In der Absage war auf das Buch hingewiesen worden. Griesinger fragte in dem Telefonat mit dem Reporter, ob das denn sein dürfe, ein Rundfunkbeitrag, bei dem auf ein Buch hingewiesen werde. Griesinger wurde hartnäckig und eindringlich.

Im Untersuchungsausschuß stellte sich heraus, Griesinger telefonierte oft. Er telefonierte oft mit dem Justizministerium, dort mit der Zentralstelle, mit der Pressestelle, mit einem Abteilungsleiter. Griesinger fragte bei diesen Telefonaten nach dem Stand der Verfahren von Späth-Freunden und Bekannten.

Als Griesinger eines Morgens im Radio hörte, daß der Späth-Freund und Bauunternehmer Hans Schlampp verhaftet worden sei, rief er sofort im Justizministerium an. Im Untersuchungsausschuß stellte Griesinger seine Anfrage so dar, daß dies zu seinen »Sonderaufgaben« gehörte. Er habe wissen müssen, was mit Schlampp genauer los sei, im Radio und in der Zeitung sei ja nicht immer alles zu erfahren. Einfluß habe er nicht nehmen wollen, auch nicht durch Fragen.

Der Reporter dachte an seinen Griesinger-Anruf. Einflußnahme wäre für dieses Telefonat ein noch zu milder Ausdruck gewesen. Damals hatte Griesinger offenbar die Befürchtung, das Späth-Buch könnte zu kritisch geraten, und er wollte vermeiden, daß es vorher zu viele Hinweise gab.

Im Untersuchungsausschuß stand Telefonist Griesinger kurz vor einer Falschaussage – so wie manch anderer vor ihm auch. Griesinger wollte nicht einfallen, in welchen Fällen er sonst noch mit dem Justizministerium telefoniert hätte. Bei den Fragen des FDP-Abgeordneten Goll fiel Griesinger nichts ein. Erst als der SPD-Abgeordnete und Ausschußvorsitzende Birzele kurz vor der Explosion stand und Griesinger schneidend ermahnte, reagierten bei dem Telefonisten Griesinger wieder die autoritären Reflexe. Das Gedächtnis funktionierte wieder. Da fiel Griesinger ein, er habe auch in dem Fall des Späth-Freundes Helmut Lohr, in dem Parteispenden-Verfahren des früheren CDU-Schatzmeisters Hubertus Neuhaus und des früheren »Bosch«-Chefs Hans Merkle telefoniert. Öfter. Er habe dann ab und zu seinem Chef Späth Bescheid gegeben. Er habe nur nachgefragt, nicht versucht, Einfluß zu nehmen.

Wieder dachte der Reporter an Griesingers eindringliches Telefonat aus dem Jahr 1987.

Die Frage ist, ob Griesinger hier nicht den Verdacht geschaffen hat, es hätte Versuche gegeben, die Gewaltenteilung aufzuheben.

Griesinger hat sich im Justizministerium nicht erkundigt, ob ein bestimmtes Programm, vielleicht ein Resozialisierungsprogramm, funktioniere. Er hat sich nach staatsanwaltlichem Vorgehen erkundigt. Dies ist eindeutig ein Sprung über die Grenze. Mit einer sauberen, klaren und unangreifbaren Politik hat dieses Vorgehen nicht viel zu tun.

Man muß einmal Beamte von Ministerien erlebt haben, wie sie beeindruckt sind, wenn das Staatsministerium sich bei ihnen meldet und wissen will, wie weit ein bestimmtes Projekt gediehen ist. Genau genommen ist der Tatbestand der Einflußnahme schon entstanden, wenn sich am Telefon meldet:»Griesinger – Staatsministerium«.

Kein Wunder, hat sich ein Ministerialer aus dem Justizministerium sogar eine Aktennotiz anlegte, nachdem Griesinger wieder aufgelegt hatte.

Als Griesinger im Untersuchungsausschuß versuchte, so wenig wie möglich zu sagen, war er zum ersten Mal wieder zu Recht im Untersuchungsausschuß. Ansonsten saß er bei fast jeder Sitzung in der Nähe der Journalisten, hörte aufmerksam zu, machte Notizen, kommentierte ständig vor sich hin und wollte Journalisten beeinflussen. Einmal mußte der Reporter ihn ermahnen, sich zurückzuhalten. Nach der Sitzung des Ausschusses eilte Griesinger meist zum Telefon. Es gab sogar eine Fragestunde im Landtag, wo geklärt werden sollte, warum der Landwirtschaftsbeamte Griesinger so oft im Untersuchungsausschuß zu sehen sei. Der Landwirtschaftsstaatssekretär mußte Auskunft geben.

Mühsam um eine ernsthafte Haltung ringend, erklärte der Staatssekretär, Griesinger sei als Privatmann im Untersuchungsausschuß. Er gehe davon aus, daß die Arbeitszeit vor- und nachgearbeitet würde.

Immerhin war Griesinger bis dahin im Landwirtschaftsministerium noch nicht vermißt worden. Von da an strich Griesinger im Landtag vorsichtig an der offenen Tür des Landtagsstudios vorbei, um über die Lautsprecher mitzuhören.

Das ist der gleiche Griesinger, der am Tag der Rechtfertigungs-Pressekonferenz in der Villa Reitzenstein diskret einen Mann von SEL suchte. Wahrscheinlich hatte es den Versuch gegeben, Späths Urlaubskosten noch vor der Pressekonferenz bei der SEL zu begleichen.

Im Untersuchungsausschuß versuchten die Oppositionsabgeordneten immer wieder herauszubekommen, ob bei verschiedenen Projekten, die mit Späth-Freunden zu tun hatten, Späth selbst telefoniert hatte. An den Beispielen Griesinger und Steuerberater Scheuer ist zu erkennen, daß Späth telefonieren ließ.

Geheime Freunde – geheime Landeskredite?
Ein Geheimpapier wird zur Farce

Als der Reporter ein Geheimpapier veröffentlichte, das für den Späth-Untersuchungsausschuß bestimmt war, setzte eine erstaunliche Empörung ein. Der Staatsanwalt ermittelte, Ministerpräsident Erwin Teufel tobte auf einer Pressekonferenz, im Landtag gab es nachts eine erregte Debatte darüber, was eine öffentlich-rechtliche Rundfunkanstalt darf.

Es hatte schon mehrere ähnliche Veröffentlichungen gegeben, die auf vertraulichen Papieren aufbauten. Als der Reporter die seltsame Entstehungsgeschichte einer Subvention für »Procter & Gamble« im Zusammenhang mit dem Aufsichtsrat und Späth-Freund Lothar Strobel aufzeigte, gab es als Reaktion gerade mal zwei Hörerbriefe, die das Manuskript nachlesen wollten.

Der »Pampers-Bericht« wurde – obwohl ähnlicher Sachverhalt – nur als vertraulich eingestuft. Der Subventionsbericht über die Späth-Freunde Helmut Aurenz und Rudolf Kunz war aber ein Geheimbericht. Das Staatsministerium kopierte den Bericht mit verschiedenen Folien. Auf jeder Kopie war zu erkennen, wer Papierbesitzer war. Das Verfahren war von einem Staatsanwalt im Parteispenden-Prozeß in Stuttgart mit Hilfe des Landeskriminalamtes entwickelt worden.

Der CDU-Landtagsabgeordnete und Mitglied des Untersuchungsausschusses, Peter Straub, sprach im Fernsehen streng von der möglichen Gefängnisstrafe für den Täter und Geheimnisverräter. Fast ebenso streng schrieb der SPD-Abgeordnete und Vorsitzende des Untersuchungsausschusses, Frieder Birzele, mit seiner allseits gerühmten »provozierenden Sachlichkeit« an den Reporter, er solle den Geheimbericht zurückgeben und den Informanten benennen. Nur wenige Wochen später war der Geheimbericht öffentlich.

Den Geheimstempel bekam das Papier aus zwei Gründen: Das Staatsministerium wollte unterscheiden zwischen Freund Strobel und den Freunden Aurenz und Kunz. Die beiden letzteren waren die engeren und unproblematischeren Freunde Späths. Außerdem war offenbar im Staatsministerium erkannt worden, daß der Subventionsbericht, erstellt aufgrund eines Beweisantrages der SPD, eine mittlere Bombe in der Landespolitik Baden-Württembergs und ein Wahlkampfthema werden könnte.

Der FDP-Abgeordnete Prof. Ulrich Goll, Mitglied des Untersuchungsausschusses und früher einmal in einem Landratsamt in der Wirtschaftsförderung tätig, sagte dem Reporter wohlüberlegt, als er die Zahlen aus dem Subventionsbericht hörte: »Die Größenordnung dieser Kredite und Zuschüsse überrascht durchaus, wenn man bedenkt, daß es für den durchschnittlichen mittelständischen Betrieb nicht gerade so einfach ist, an Fördermittel heranzukommen. Ich glaube, man muß schon sehr weit laufen, um Unternehmen ähnlicher Größenordnung zu finden, auf die ein so warmer öffentlicher Regen niedergegangen ist.«

Die CDU hat Goll diese Aussage äußerst übelgenommen. Der Geheimbericht und Goll hatten damit zum ersten Mal eine Zielgruppe der CDU im Zusammenhang mit Späth verunsichert: die mittelständischen Unternehmer. Gegenüber dem Reporter äußerten solche Unternehmer, erst jetzt hätten sie begriffen, daß an dem Rücktritt Späths etwas Positives sei. Doch Goll muß seine zwei Sätze unter Umständen bitter büßen. Es könnte sein, daß die CDU in seinem Wahlkreis am Bodensee Rache übt: verstärkter Einsatz von Geldmitteln und Prominenz im Wahlkampf.

Freie Subventionswirtschaft

Die massivste, aber originellste Begründung für die vielen Subventionen bei Späth-Freunden lieferte ein Staatssekretär der Landesregierung: »Diese Unternehmer sind eben besonders aktiv!«

Es grenzt schon an Satire, wenn ein marktwirtschaftlich gesonnener Reporter einem Staatssekretär aus einem marktwirtschaftlichen System klarzumachen versucht, daß die Aktivität eines Unternehmens nicht an der Höhe der Subventionen abzulesen sei beziehungsweise abgelesen werden dürfe. Dabei hätte der CDU schon lange auffallen müssen, daß die Landeskredite bei Späth-Freunden ein Thema sind. Da war der Wirtschaftsprüfer, der sich im Späth-Untersuchungsausschuß über die munter fließenden verbilligten Landeskredite für die Firma, an der Späth früher beteiligt war, wunderte. Späths Freund und Steuerberater war dort Aufsichtsratsvorsitzender. Kreditvolumen: rund 10 Millionen Mark.

STAATSMINISTERIUM BADEN-WÜRTTEMBERG

Der Staatssekretär

Staatsministerium · Richard-Wagner-Straße 15 · 7000 Stuttgart 1

An den
Vorsitzenden des Untersuchungs-
ausschusses "Unabhängigkeit von
Regierungsmitgliedern und Straf-
verfolgungsbehörden"
Herrn Abgeordneten
Frieder Birzele, MdL
Haus des Landtags

7000 Stuttgart 10

Stuttgart, den 12.8.1991

I-0142.2

Betr.: Untersuchungsausschuß "Unabhängigkeit von Regierungs-
       mitgliedern und Strafverfolgungsbehörden";
       hier: Beweisantrag Nr. 73

Anl.: 0 (4 Abdrucke)

Sehr geehrter Herr Vorsitzender,

die Landesregierung nimmt zu Beweisantrag Nr. 73 des Untersuchungsausschusses "Unabhängigkeit von Regierungsmitgliedern
und Strafverfolgungsbehörden" wie folgt Stellung:

I.

Der Bericht der Landesregierung entspricht inhaltlich dem o.g.
Beweisbeschluß des Untersuchungsausschusses aus dem Bereich
der Wirtschaftsförderung. Unter Hinweis auf die Ausführungen
in I. des Berichts zu den Beweisanträgen Nr. 57 bis 63 vom
17.6.1991 ist die Landesregierung deshalb der Ansicht, daß der
Bericht als geheimhaltungsbedürftig im Sinne der Geheimhal-
tungsregelung des Untersuchungsausschusses "Unabhängigkeit von
Regierungsmitgliedern und Strafverfolgungsbehörden" einzustu-
fen ist.

Dienstgebäude: Richard-Wagner-Straße 15 · Fernsprecher (07 11) 21 53-221
Telefax (07 11) 21 53-340 · Telex 7 23 711 und 7 22 207 stami d · Teletex 71 11 287 = StMBW

II.

Die Landesregierung weist darauf hin, daß der Beweisantrag Nr.
73 der Abgeordneten Bebber, Birzele und Dr. Caroli in Ziff. 3.
von falschen Beteiligungsverhältnissen bezüglich der dort
genannten Firmen und Gesellschaften ausgeht. Herr Helmut Aurenz ist nach Kenntnis der Landesregierung weder an der Firma
Matthias Hohner AG, noch an der Firma Thermopal Dekorplatten
GmbH & Co. KG beteiligt.

III.

Nach Angaben des Ministeriums für Wirtschaft, Mittelstand und
Technologie wurden an Firmen, an denen Herr Helmut Aurenz nach
Kenntnis der Landesregierung beteiligt ist, seit 1978 folgende
Zuwendungen gewährt:

- Firma Berghotel Jägerhof

  Die Firma erhielt im Rahmen des Wirtschaftsförderungsprog-
  rammes 5 z. Förderung von Fremdenverkehrsbetrieben im Dezember 1983 ein Darlehen in Höhe von 2 Mio. DM mit einem Sub-
  ventionswert von 6% zum Ausbau des Hotels;

- Firma ASB Erdenwerke Helmut Aurenz

  Die Firma erhielt im Rahmen des ▒▒▒▒▒▒▒▒▒▒▒▒▒▒▒▒ Programms
  im Jahre 1981 Darlehen in Höhe von ▒▒▒▒▒▒▒▒▒▒▒▒ von
  3,2 Mio. DM sowie darüberhinaus eine Bürgschaft in Höhe von
  80% für Pachtzahlungen über einen Betrag von 1,765 Mio. DM.

Da war der Fall Schlampp und »SÜBA«. Volumen der Landeskredite: rund 10 Millionen Mark. Davor diskutierte der Untersuchungsausschuß eine Wirtschaftsförderung für den Konzern »Procter & Gamble«. Da war in dem Geheimbericht das Berghotel »Jägerhof« im schönen Allgäu, Besitzer ist der Unternehmer und Späth-Freund Helmut Aurenz. Späth pflegte dort seinen Weihnachtsurlaub zum Nulltarif zu verbringen, aber auch Urlaube im Aurenz-Schloß in Frankreich, so protokolliert im Untersuchungsausschuß. Verbilligte Landesdarlehen, nach dem Bericht des Staatsministeriums 1983: zwei Millionen Mark Kreditvolumen. Aurenz ist Europas größter Blumenerde-Hersteller, Landeskreditbank-Bürgschaften: 6,3 Millionen Mark, plus eine Bürgschaft in Höhe von 1,8 Millionen Mark.

Der Unternehmer Dr. Rudolf Kunz ist auch ein Freund und Urlaubsbegleiter von Lothar Späth gewesen. Er starb im vergangenen Weihnachtsurlaub, den er mit Späth im Berghotel »Jägerhof« verbrachte. Er bekam in der Regionalförderung für eine Firma 1983 bis 1987 Zuschüsse von über 3,5 Millionen Mark. Für eine Holzwerkfirma von 1979 bis 1990 über vier Millionen Mark Zuschüsse und für ein Pilotprojekt in Sachen »Nachwachsende Rohstoffe« Zuschüsse in Höhe von rund 1,8 Millionen Mark, insgesamt für Kunz an die neun Millionen Mark Zuschüsse. In dem Projekt »Nachwachsende Rohstoffe« spielte ein Gutachten des damaligen Präsidenten der Universität Hohenheim, Prof. Reisch, eine Rolle. Reisch hatte den Blumenerde-König und Hotelbesitzer Aurenz zum Ehrensenator der Universität Hohenheim gemacht und war schon mal mit beiden verreist, mit Aurenz und Späth. Aus den Unterlagen ist auch zu erkennen, wie die Fachbeamten Schwierigkeiten mit dem Projekt »Nachwachsende Rohstoffe« hatten. Sie wollten sichergehen, daß aus der Pilotanlage auch eine Produktion wird und daß die Anlage dann auch in Baden-Württemberg installiert wird.

1990 gründeten Kunz und die »VEBA ÖL AG« eine gemeinsame Firma für nachwachsende Rohstoffe, die nach dem Verfahren »Acetocel« heißt. Kunz beantragte sofort eine Übertragung der Fördermittel auf diese Firma. Die Landeskreditbank überwies.

Später reichte das Staatsministerium noch eine Erläuterung zu dem Subventionsbericht nach, die aber nichts Grundsätzliches änderte. Die CDU legte großen Wert auf die Feststellung, daß mit den Subventionen alles rechtmäßig sei, daß Kunz schließlich Firmen und Arbeitsplätze gerettet hätte. Dies sei auch Ministerpräsident Späth zu verdanken.

Allerdings kann man auch mit der gleichen Berechtigung sagen, Kunz habe sich mit Hilfe von Subventionen einen Konzern zusammengekauft.

Die Rechtmäßigkeit ist noch nicht in allen Fällen und in allen Einzelheiten geprüft. Es ist schon außergewöhnlich, daß ein potentieller Subventionsempfänger für die Subventionsvergabe an ihn einen eigenen Arbeitskreis von der Landesregierung gestellt bekommt, dort mitarbeitet, den kurzen Draht zum zuständigen Landwirtschaftsminister hat, zum Ministerpräsidenten sowieso. Als Kunz mit seiner Idee »Nachwachsende Rohstoffe« sich mit einem Ingenieur beriet, hatte der den Eindruck – so in einem Gespräch mit dem Reporter –, hier wolle ein Unternehmer, der unter seinem Vater lange nicht viel zu sagen hatte, sich endlich einmal verwirklichen. Der Ingenieur riet Kunz ab. Das Projekt erscheine ihm zu teuer und zu umweltschädlich. Doch Kunz habe gesagt: »Der Späth hat mir das Geld versprochen!«

Dieser Ingenieur wollte seine Aussage nicht vor dem Mikrofon machen, weil er selbst Subventionen brauchte. Die bekomme man aber am besten, wenn man gute Kontakte habe. Kunz habe sie eben gehabt, er nicht. Der Ingenieur sagte dies ohne Trauer und Resignation. Er hofft, mit seinem Projekt noch weiterzukommen.

Auch bei einer Aurenz-Bürgschaft wurden die Richtlinien bis zur Grenze ausgeschöpft für ein Projekt in Niedersachsen. Dies ist zwar zulässig nach den Richtlinien, aber im Normalfall werden Projekte gefördert, die in Baden-Württemberg beheimatet sind. In diesem Fall mußte der Stammsitz ausreichen. Dies ist einer der vielen Fälle aus der »Maultaschen-Connection«, der rechtmäßig ist, aber einmalig.

So arbeitete die »Connection«: gedeckt von einer absoluten Mehrheit, mit einem absolutistischen Ministerpräsidenten, mit einer selbst erteilten Identifikation mit dem Land Baden-Württemberg.

Kritik an diesen Zuständen ist demnach nicht Kritik an Entwicklungen, sondern an einem Land.

In der Tradition dieser 40jährigen Mentalität sagte ein Ministeriums-Sprecher 1991 zu Reportern: »Ihr machet des Land noch kaputt.«

Wildsaujagd, Pils und Skat

Toll, diese drei vom „Jägerhof" ▶

Urlaub im Allgäu: Lothar Späth

✱ Allgäu, Hotel „Jägerhof", Exklusiv-Absteige für Männer von Welt, gestern Mittag: **Helmut Aurenz**, der Hausherr und Humus-Produzent, kam gerade aus Oberammergau. In grüner Waidmanns-Montur fegte er durch die Lobby, motzte vor sich her, als ob aus Versehen teures Backpulver in seinen preiswerten Blumendünger gemixt wurde: *„Ha, so ein Sch... Zwoi Tag uff dr Jagd, ond koi Sau troffa".*

Eine Stunde später hatte er den Ärger vergessen. Freunde ka-

men!

Als erster **Helmut Maucher**, geboren in Eisenharz, Big-Boß im „Nestle"-Imperium und langjähriger Spezi

Stadtgespräch
Jürgen W.
Meyer
☎ 07 11-3 19 93 21

Pech bei der Wildsaujagd: Helmut Aurenz

vom Düngermittel-Mogul aus Ludwigsburg.

„Bin gerade hier, da mach' ich meinen verspäteten Weihnachts-Besuch", strahlte der Allgäu-Schwabe, der dieses Jahr sein Schweizer Multi-Imperium („Suchard", „Jacobs", „Maggi", „Dallmayr") auf fast 50 Milliarden Mark Umsatz powerte.

„...oder verfrühten

Neujahrs-Besuch", meldete sich lachend eine Stimme von hinten. „Habe die Ehre, Helmut I, Grüß Dich

Klopft Skat: Helmut Maucher

Helmut II". Es war Urlauber **Lothar Späth**, im Jogging-Anzug, mit Tennisschläger und Badetuch. Er kam vom Tennisspielen.

„Dann sind wir ja jetzt komplett", grinste der Ministerpräsident.

Er meinte die Skat-Runde.

Aurenz bestellte Pils, Lothar die Karten – Maucher mischte. Dann klopften die drei vom „Jägerhof" los...

Ruhekissen und Fitneßtreff für Manager: Der „Jägerhof" im Allgäu.

aus: »BILD« vom 29. Dezember 1990

Die Casino-Affäre:
Oder wie ein Minister ins Rotlicht gerät

»Bruder Leichtfuß« nennen CDU-Parteifreunde den baden-württembergischen Wirtschaftsminister Hermann Schaufler, 44 Jahre alt. Der flotte Hermann hat das Etikett nicht unverdient erworben. An jeder Bar sofort zu Hause, immer Zeit für ein Gläschen, meistens forsch, manchmal Kumpel – und im besserwisserischen Politikstil seinem Gönner, dem gestrauchelten Ex-Ministerpräsidenten Lothar Späth, nicht unähnlich.

Ende der siebziger, Anfang der achziger Jahre, als der flotte Hermann noch ein zupackender CDU-Gemeinderat in Reutlingen war und gerade ein frischgebackener Abgeordneter im Stuttgarter Landtag, übte er seinen Beruf als Jurist bei der angesehenen Anwaltskanzlei »Reutlinger Wirtschaftstreuhand« (RWT) aus. In der dortigen Abteilung Gewerberecht kümmerte sich Schaufler um Gesellschaftsgründungen, um Versicherungsfälle, auch um Spielcasinokonzessionen. »Ein schummriges Zeug«, erinnerte sich der heutige Wirtschaftsminister an das letztere Aufgabengebiet.

Doch so schummrig die Casinos auch gewesen sein mögen, Hermann war auch damals kein Kind von Traurigkeit. Als trinkfester Bundesbruder der katholisch-elitären Studentenverbindung »Cheruskia«, so berichten Spezln von damals, war er einem Spielchen und Späßchen nie abgeneigt. In der Rottenburger Kneipe »Dionysos« des Griechen Kyriakos Enisoglou etwa, habe man den »ersten Sirtaki getanzt und vom harzigen Wein« gekostet, weiß Schaufler selbst noch. »Jako« nannte die Clique den Griechen. »Jako« bot neben seiner Kneipe auch die Möglichkeit zum Spiel in einem kleinen Casino. Und weil ein solches erst nach Mitternacht so richtig in die Gänge kommt, setzte sich Advokat und Parteichrist Hermann für eine Sperrzeitverkürzung in »Jakos« Spielbude ein. Der Rubel und die Kugel konnten danach zeitweise bis in die Früh um vier rollen. Auch für andere wurde der CDU-Mann mit dem Landtagsmandat noch tätig, öffnete Türen, erwirkte Konzessionen oder verkürzte Sperrzeiten – er war ja Anwalt und verdiente damit gutes, auch bares Geld. Für die Reutlinger »Madame-Bar« – exklusives Angebot, auf der Speisekarte Schnecken und gegrillte Ameisen – hatte sich Jurist und CDU-Stadtrat Schaufler sogar schon 1977 um die Zulassung hüllenloser Bedienungen bemüht. Doch die Stadt lehnte den allzu freizügigen Rotlichtservice ab. Aus »hygienischen Gründen«.

Überhaupt: Eine Art Szene-Anwalt muß Kumpel Schaufler damals gewesen sein. Ein guter Gast des damaligen Disko-Casinos »Excess« in der Reutlinger Ludwigstraße, der Stuttgarter Willi Redweik, meint noch heute die gängige Begriffskette zu kennen: »Casino – Schaufler – Rechtsanwalt – keine Probleme«.

Daß Zeugen und der Wirtschaftsminister – Schaufler kam 1989 in dieses Amt – selbst einen Teil dieser Details mehr als zehn Jahre später vor dem Untersuchungsausschuß des Stuttgarter Landtags ausbreiten müssen, hat seinen Grund nicht darin, daß Bruder Leichtfuß eben Bruder Leichtfuß ist. Es hat damit zu tun, daß Schaufler offenbar besonders gute Beziehungen zu einem Mandanten unterhielt, der heute die Schurkenrolle in einem Politstück spielt, das sich baden-württembergische Casino-Affäre nennt: Der Grieche Mihail Sainidis, 44 Jahre alt.

Zum Aufbau seines Spielhöllenimperiums in der schwäbischen Provinz bediente sich Zockerboß Sainidis (Spitzname: »Hoher Absatz«) zunächst der Anwaltsdienste Schauflers, nahm später dazu die tatkräftige Hilfe des baden-württembergischen Landeskriminalamtes (LKA) in Anspruch, gab diesen als V-Mann gelegentlich Tips und ließ verdeckte Polizeiermittler in seinem schmuddeligen Zockerschuppen fahnden – ein Milieu, das die Kriminalisten durch Fürsprache und Druck auf untere Behörden selbst hochgezüchtet hatten.

Hauptsächlich aber spielte Sainidis, unter der Schirmherrschaft des LKA, mit illegalem Roulett ein illegales Millionenvermögen ein, machte angeblich auch Geld mit Koks-Geschäften. Und am Ende brachte sich, ob solcher obskurer Kungelei zwischen Kriminalisten und Kriminellen, ein ganzes Landeskriminalamt um seinen guten Ruf, ermittelte die Stuttgarter Staatsanwaltschaft gegen zwei verdeckte LKA-Polizisten, mußte sie den Vorwurf der Bestechung prüfen, dröselte der Stuttgarter Untersuchungsausschuß die Vorgänge auf, trat zunächst der Vizepräsident des LKA, Franz Pfiszter, als verantwortlicher Abteilungsleiter zurück und später dann auch noch der LKA-Präsident Ralf Krüger. Mehr noch: Bis zuletzt hatte der Grieche Sainidis seinen Freunden anvertraut, daß er »eine Kraft ganz oben« habe, die für ihn die Wege ebne. Gemeint mit dieser Kraft war Hermann Schaufler.

Doch jetzt der Reihe nach:

Ende Januar 1981 kommt Mihail Sainidis in die Reutlinger Anwaltskanzlei RWT und überbringt Hermann Schaufler die Papiere für die Eröffnung eines Spielcasinos in der Reutlinger Ludwigstraße. Dort betreibt der Grieche schon seit 1980 die Disko »Excess«, jetzt will er den Schuppen noch durch einen Spielbetrieb in einem Nebenraum erweitern. Für Kartenspiele wie etwa »Derby-card« hat das Bundeskriminalamt schon mit einer Unbedenklichkeitsbescheinigung (UB) den Segen gegeben. Der CDU-Mann Schaufler, von Sainidis gezielt wegen seiner guten Kontakte zur Politik ausgesucht, soll dem Griechen die Konzession für den Spielsalon bei der Stadt besorgen.

Schaufler muß jedenfalls beeindruckt sein, denn er tut sein Bestes: Auf dem Rathaus spricht CDU-Stadtrat und Anwalt Schaufler für seinen Mandanten vor, kümmert sich auch um die baurechtlichen Probleme. »Jetzt nemmet halt den Sainidis do nei«, sagt Schaufler einmal zum damaligen Bürgermeister Karl Guhl. Fortan fluscht die Sache. Sainidis erhält seine Konzession und die Baugenehmigung von der Stadt und Hermann Schaufler fürs erste 5 000 DM in bar, die bei der Eröffnung des Spielbetriebs im »Excess« über den Tisch gingen. »Ohne Schuß kein Jus«, meint der Anwalt Schaufler zu solchen Cash-Geschäften.

Die Schaufler-Dienste für den Reutlinger Zockerschuppen bleiben nicht die einzigen. Sainidis streckt seine Fühler auch in anderen Städten aus, will neue Tische, neue Spiele. Für den scharfen Zock – denn die Gewinnmöglichkeiten in der Branche sind bei rund 10 000 DM die Nacht phantastisch, allerdings nur dann, wenn im Halbdunkel der Hinterzimmer gegen die behördlich aufgestellten Regeln (Höchsteinsatz: fünf DM) gespielt wird. Also: illegal.

Schaufler will davon nichts merken, so sagt er jedenfalls heute, nur das eine: Beim Bundeskriminalamt setzt er sich für seinen Mandanten aus dem Milieu ein, weil die »Regeln die Leute doch geradezu zum Falschspielen verführen«. Auch warnt er Sainidis: »Paß auf, irgendwann kommt zu euch die

Polizei.« Trotz alledem arbeitet er weiter für den Griechen, berät, schreibt Briefe für neue Spielerlaubnisse, setzt Korrespondenzanwälte ins Brot, erwirkt hier eine Konzessionsverlängerung und dort eine Sperrzeitverkürzung. Esslingen, Vaihingen/Enz, Albstadt, Spaichingen, Ostfildern/Nellingen, Böblingen, Riedlingen – die Liste der Orte, an denen Schaufler für den Zockerboß tätig wird, liest sich wie ein Führer durch den Amüsierbetrieb in der schwäbischen Provinz. Sogar zwei GmbH-Gesellschaften gründet er für den Griechen. Der zahlt zunächst immer mal wieder bar, später auch per Überweisung.

Ende 1981 schon wird Schaufler die Tätigkeit für Sainidis zuviel. Er bringt einen Deutschen im Spielhöllenmilieu des Sainidis-Clan unter, seinen Studienfreund Wolfgang Nesch. Der abgebrochene Student Nesch ist, als das CDU-Generalsekretariat in der Stuttgarter Parteizentrale aufgelöst wird, arbeitslos und braucht einen Job. Freund Hermann – Wolfgang Nesch hat zuvor Landtagswahlkampf für ihn gemacht – setzt den Arbeitsvertrag auf, er soll bei Sainidis als eine Art Geschäftsführer fungieren. Gehalt: 3 500 DM brutto im Monat. Der seriös wirkende Nesch kümmert sich in den Zockerschuppen um kaputte Toilettendeckel oder die Heizung, tingelt für Sainidis durch die Rathäuser, dort, wo die Branchenprofis mit den Goldkettchen und offenen Hemden kaum Einlaß finden würden. Wenn er erzählt, der Landtagsabgeordnete Schaufler stehe hinter der Konzession, läuft die Sache.

Nesch (»ein Exot im Exotenmilieu«, Nesch über Nesch) dämmert bald, daß sich in der Nachtszene der Clubs allerhand düsteres Volk tummelt und daß es bei Spielen wie Bakkara keinesfalls mit rechten Dingen zugehen kann. Die abenteuerlichen Gestalten, die Tausender auf den Tischen, die Spielverluste von zigtausend Mark – Nesch alarmiert Schaufler von den Vorgängen, so erzählt er. Doch der sagt ihm angeblich bloß: »Das geht dich nichts an.«

Längst hat sich zwischen Schaufler und dem griechischen Spielhöllenkönig Sainidis offenbar mehr als ein cool-distanziertes Anwaltsverhältnis entwickelt. Man geht zusammen tafeln, so in der Gaststätte »Krone« in Bempflingen. Sainidis schmeißt Schampusrunden, nicht zu knapp. Bei einer Auseinandersetzung über die Bezahlung der Casino-Einrichtung in Riedlingen, so berichtet der damalige Raumausstatter Frisch, fährt Schaufler vor und bezeichnet angeblich Sainidis als

»Ehrenmann«. Als Abgeordneter setzt sich Schaufler sogar für den Sainidis-Bruder Georg ein. Es geht um einen Studienplatz in der Bundesrepublik.

Penibel schreibt Nesch alles, was er miterlebt, in seinen Notizblöcken auf. Das hat er bei der CDU gelernt. Immer mal wieder führt Sainidis Klage über seine Konkurrenten. Die will der Grieche klein halten, Schaufler und Nesch sollen ihm dabei helfen. Und: Sainidis will die Polizei »neutralisieren«.

Zu ihr hat der Spielhöllen-Mann offenbar ein besonderes Verhältnis. Schon Mitte 1981 jedenfalls setzt Anwalt Schaufler einen Brief an die Stadt Esslingen auf und wirbt um eine Konzession den für – polizeilich wegen illegalen Glücksspiels längst auffälligen – Sainidis. Schaufler rühmt dabei auch das scheinbar gute Verhältnis zur Reutlinger Polizei und kündigt Sainidis als Tipgeber an: »Unserem Mandanten ist insbesondere dabei an einer laufenden Information gegenüber der Polizei gelegen.« Doch die Kripo in Esslingen sieht es ganz anders. Kripomann Ulrich Walliser läßt sich nicht von den schmeichlerischen Preisungen Schauflers einweichen und lehnt Sainidis als Casino-Betreiber im August 1981 mit einem scharfen Vermerk an die Stadt Esslingen glattweg ab.

Im März 1983 ist das Spiel für Sainidis – vorerst – aus. In Reutlingen stellen die Ermittler illegales Glücksspiel fest. Der Grieche muß seine Läden dichtmachen, wird vor dem Amtsgericht Reutlingen angeklagt. Das Gericht erkennt 1984 auf eine Geldstrafe für Sainidis. Doch der legt Berufung beim Landgericht Tübingen ein – und kommt mit der Niederschlagung des Verfahrens gegen Zahlung einer Geldbuße davon. Rechtsanwalt Schaufler übernimmt zwar nicht die Strafverteidigung, doch die Abwicklung für Sainidis gegenüber Vermietern und Anwälten, kümmert sich um die Ordnung des Vermögens des illiquiden Sainidis. Dann will Schaufler den Mann aus dem Milieu nie mehr gesehen haben ...

Der Zockerboß gibt nicht auf

Gut zwei Jahre später, im Jahr 1986, tritt in die Dienste des baden-württembergischen Landeskriminalamtes ein neuer V-Mann ein. Sein Kürzel: »VP 137«. Die VP (Vertrauensperson) kennt sich bestens aus in der Glücksspielszene, hat offenbar

Kontakte zu Zuhältern, Hehlern, Schmugglern, Falschgeld-händlern, Koks-Dealern, Mafia-Leuten, kennt Hermann Schaufler – und heißt Mihail Sainidis.

Das LKA will die Kontakte von »VP 137« zu den schweren Jungs nutzen und überlegt sich ein ganz besonderes Fahndungskonzept: Man ist Sainidis beim Aufbau eines Glücksspielrings in Baden-Württemberg behilflich und nutzt die Salons anschließend als eine Art Kontakthöfe, in denen verdeckte Polizeiermittler mit Kriminellen anbandeln können.

Freilich: Damit die hochkarätigen Ganoven überhaupt in die Spielclubs kommen, muß dort der Rubel rollen. Es muß was gehen an den Tischen. Geht nichts, wird lediglich nach der behördlichen Unbedenklichkeitsbescheinigung gespielt, dann ist dies gerade mal »so spannend wie Halma«, wissen Zocker. Alles andere ist nur bei illegalem Betrieb möglich, dies jedenfalls zählt zum Erfahrungsschatz jedes Türstehers in der Branche.

Doch die Mannen vom LKA wollen es anscheinend nicht so genau wissen, denn – illegales Spiel hin, illegales Spiel her – die Operation scheint nur allzu verlockend. Später wird dies der damalige LKA-Präsident Ralf Krüger dann einmal als »Gratwanderung auf dem Legalitätsprinzip« beschreiben. Oder populärer: »Wer aus der Scheiße etwas rausholen will, der muß reingreifen.«

Krügers Jungs legen also los, mit dem Reingreifen. Vorn dran die verdeckten Ermittler des Landeskriminalamtes, auf die Baden-Württemberg besonders stolz ist, weil man sie als »Muster für die Bundesrepublik« angeblich vorzeigen kann. Einer dieser Vorzeigepolizisten, der Dezernatsleiter Peter Huth (Dezernat 632, »Operative Ermittlungen«), reist dazu jahrelang wie ein Klinkenputzer durch das Ländle und spricht mal im Großraum Stuttgart, mal am Bodensee, mal im Schwarzwald auf Rathäusern und örtlichen Polizeidienststellen vor. Kleinstädte und Dörfer sollen Casinos für »VP 137« einrichten. Oder sie sollen Sainidis in schon bestehende Etablissements hineinnehmen. Das LKA sei an Erkenntnissen interessiert.

Dem Freudenstädter Polizeiinspektionsleiter Robert Trautwein beispielsweise gibt Huth zu verstehen, daß er ein Interesse daran hat, daß »das Ding läuft«. Das Ding in Freudenstadt, genauer im Stadtteil Dornstetten-Ach, heißt »Harlekin«, und Sainidis läßt es seit April 1989 unter dem Namen einer

Strohfrau laufen. Die Kripo in Freudenstadt beobachtet zwar, weiß, daß dort einschlägige Kokain-Leute aus- und eingehen, doch sie ermittelt nur mit gebremstem Eifer. Das LKA hat ja ein Interesse daran, daß »das Ding läuft«.

In Stockach am Bodensee kommt LKA-Mann Huth zum dortigen Ordnungsamtschef Walter Fridgen, erzählt auch ihm die Geschichte vom wichtigen V-Mann und drängt darauf, daß das »Casino Lohr« doch bitte schön länger geöffnet haben müsse. Im Örtchen Dettingen bei Kirchheim unter Teck vermerkt Ordnungsamtsleiter Günter Dietz schon am 9. Oktober 1987 in seinen Akten, daß die örtliche Polizei Anweisung aus Stuttgart hat, »bis auf weiteres das Spielcasino nicht aufzusuchen«.

Im Hintergrund versucht ein noch ranghöherer Kriminaler die Strippen zu ziehen. LKA-Vize und Abteilungsleiter für die verdeckten Ermittler, Ernst Pfiszter, schreibt Briefe an die Rathäuser. An die Stadt Tübingen beispielsweise wendet er sich mit dem Ansinnen, man wolle für einen »hochkarätigen V-Mann« ein Casino der höheren Klasse eingerichtet sehen. Nach Stockach schickt er einen Brief mit der Bitte um Sperrzeitverkürzung für den dortigen Amüsierbetrieb.

So geht es weiter: Kehl, Ebersbach bei Göppingen, Heidenheim, Nürtingen, Winnenden, Balingen, Überlingen, Hermaringen bei Giengen ... Wie weiland bei der Tätigkeit des Wirtschaftsanwaltes Schaufler liest sich auch die Liste der LKA-Spielorte wie der Amüsier-Guide durch die schwäbischen und badischen Lande. Mal hat der Einsatz der Mannen vom LKA Erfolg, mal klappt es nicht, so etwa in der katholischen Bischofsstadt Rottenburg, wo Dezernatsleiter Huth trotz mehrfachen Vorreitens auf dem Ordnungsamt und beim Oberbürgermeister mit seinem Casino-Wunsch abblitzt.

Sainidis jedenfalls gelingt es, von 1986 bis Anfang 1991 auf diese Weise ein Imperium von mindestens zwölf Cainos in baden-württembergischen Städten und Dörfern aufzuziehen. Nicht alle sind sie gleichzeitig geöffnet, aber immer sind es Strohleute, die offiziell das Casino betreiben, immer ist eine fliegende Truppe im Einsatz, die das Geschäft mit der Kugel als »Booleur« oder »Groupier« betreibt. Sainidis leiht seinen Beschäftigten Autos (Typ: Ford-Scorpio) und zahlt auch mal die Hotels. Häuptling »Hoher Absatz« selbst fährt vor seinen Zockerschuppen mit dem weißen Nissan Terrano oder mit dem Mercedes 560 vor.

Insgesamt verdient Sainidis mit illegalem Glücksspiel, unter der schützenden Hand des LKA, mindestens sechs Millionen Mark. In seinen gut ein Dutzend Etablissements rollen über die Jahre hinweg die Kugeln alles in allem 230 Monate lang. Täglich macht er zwischen 12 000 und 14 000 DM Kasse – und damit einen Gesamtumsatz von zweistelliger Millionenhöhe.

Seine Beschäftigten rekrutiert der Spielhöllenkönig aus seinem weitverzweigten Familienclan, unter griechischen Freunden oder auch aus Zockerkreisen, die bei ihm alles verspielt haben. »Die hält er wie die Sklaven«, beschreibt ein Ex-Mitarbeiter die Arbeit bei Sainidis. Je nach Geschick setzt der Boß sie als Türsteher, als Geschäftsführer oder als Geldkuriere ein.

Einer von ihnen, der sogenannte »Jaguar-Mike«, ein Muskelmann und Bodyguard von Sainidis, reist dazu in Freudenstadt, Nürtingen oder Renningen im Morgengrauen mit dem Köfferchen an und rafft zusammen, was die Spieler auf den Tischen liegenlassen. »Renningen lief kurz, aber heftig. War es schlecht, dann blieben an einem Abend 15 000 DM. Aber netto«, erinnert sich der ehemalige Sainidis-Kompagnon Horst B. (Name geändert) an die Zeit zwischen Juli und August 1990.

»Hoher Absatz« aber wird aggressiver, wird geldgieriger, er soll – so berichten Vertraute – auch Kokain nehmen: »Wenn der in Dettingen zur Tür hereinkam, konnte der ›Booleur‹ vor Angst die Kugel nicht mehr ruhig halten«, weiß Horst B.

Vor allem: Dettingen. In dem kleinen Ort bei Kirchheim unter Teck gelingt es dem Zockerboß, von 1986 bis 1990 das Casino »O.X.« im Gewerbegebiet vier Jahre lang ununterbrochen zu betreiben. Den Namen für die Konzession gibt seine Schwester, Niki Schiemann, her. Sainidis hortet das Geld in einem Tresor.

Mehr als genug jedenfalls, um die verdeckten Ermittler des LKA immer mal wieder freizuhalten. Die gehen in der schummrigen Szene mittlerweile bei ihm unter Decknamen wie »Jean-Claude« ein und aus, fahren im Porsche-Cabrio des LKA bei den Spielbuden vor. V-Mann Sainidis stellt sie seiner kriminellen Klientel als Kumpels oder Geschäftsleute vor – danach sollen sie ermitteln können. Wenn »VP 137« aber mit den Herren vom LKA mal wieder unter sich sein will, dann erinnert er sich etwa einer Kneipe, zu der es ihn schon mit dem damaligen Anwalt Hermann Schaufler zog: Die »Krone« im Bempflingen. Dort läßt er dann Hummer und Kaviar auftragen für die Gruppe, die sich – die Kronenwirtin glaubt es noch gut zu wissen – immer wieder unter den Namen »Simon« anmeldet und mit dem Porsche vorfährt. Über die Jahre hinweg kommen so an die 21 000 DM an Spesen zusammen. Der Mann aus dem Milieu zahlt, auch für die Beamten des Landeskriminalamtes.

Während die ihre Arbeit in den Spielcasinos und auf den Behörden tun, müssen Sainidis-Leute im Hintergrund neue Örtlichkeiten fürs Spielbudengeschäft sondieren. Vorgespräche mit Vermietern, Verhandlungen mit Handwerkern. Wenn der Boß dann das Zeichen zum Weitermachen gibt, »ist mit oben alles abgeklärt«, so ein Ex-Mitarbeiter.

Kommen dann die Sainidis-Schuppen in Schwung – so wundern sich Spielerszene und Mitarbeiter schon seit längerem –, gelingt es der Ortspolizei kaum, mit einer Razzia dichtzumachen. Allenfalls befiehlt der Boß gelegentlich, an diesem oder jenem Tag zu schließen. So auch im »Tiffany« in Balingen. Dort schlägt Anfang Oktober 1988 der zuständige Leitende Staatsanwalt Uhlig von der Hechinger Staatsanwaltschaft beim Stuttgarter LKA Alarm. Polizei und Staatsanwaltschaft vor Ort sind nicht mehr bereit, dem illegalen Treiben im »Tiffany« zuzusehen. Sie planen einen Einsatz. Und dies teilen sie den Stuttgarter Oberkriminalisten auch mit – dummerweise. Denn der V-Mann-Führer der Operativen LKA-Ermittlungsgruppe erhält den Auftrag, sofort Sainidis von den polizeilichen Planungen zu verständigen. Der nimmt den guten Tip gern entgegen – und läßt das »Tiffany« am kritischen Abend dichtmachen.

Andere Clubs erhalten gelegentlich auch einen Anruf, beispielsweise: »Um zehn nicht spielen.« Pünktlich um diese Zeit erscheint dann auch eine örtliche Polizeistreife – und starrt in leere Roulettkessel. Weniger Eingeweihte können sich da nur wundern ...

Vertrauten verrät Sainidis, daß er eine »Kraft ganz oben« habe, der er viel verdanke. Damit bietet er Schutz und Sicherheit im unsicheren Milieu. Vor noch engeren Vertrauten brüstet er sich damit, daß »die Kraft« ein hoher Politiker sei. Es soll, so tuscheln sich die Sainidis-Freunde zu, der Wirtschaftsminister Hermann Schaufler sein.

Horst B. jedenfalls erzählt, daß er mehrfach hört, wie Sainidis mit Schaufler telefoniert. Gut essen seien die beiden dann angeblich immer wieder gegangen. Griechenfreunde berichten, der Boß habe ihnen auch mal ein Foto vom Minister gezeigt und sich, mit einer Schampusflasche unterm Arm, zum Schaufler-Geburtstag begeben ...

Hier verliert sich die Spur. Der flotte Hermann jedenfalls bestreitet vehement, den griechischen Zockerboß nach 1984 auch nur noch einmal gesehen zu haben. Sainidis selbst wird vorerst dazu nichts sagen – kurz nachdem die Stuttgarter Staatsanwaltschaft Ermittlungen gegen ihn im Herbst 1990 einleitet, verschwindet er von der deutschen Bildfläche – angeblich nach Griechenland. Wieder einmal muß er einen goldenen Tip bekommen haben.

Gegen zwei seiner Führungsbeamten vom LKA, gegen den Ex-Dezernatsleiter Peter Huth und den verdeckten Ermittler alias »Jean-Claude«, ermittelt die Staatsanwaltschaft Stuttgart ebenfalls – wegen Beihilfe zum illegalen Glücksspiel. Gerüchten in der Polizeiszene zufolge, könnte noch mehr zusammen kommen: Bestechungsvorwürfe gegen die Beamten werden laut, es soll um mehrere hunderttausend Mark oder gar um eine Beteiligung an den Casinos gegangen sein, Staatsanwälte hegen auch den Verdacht, daß der Zockerboß seine Casinos zur Geldwäsche und seinen Clan zur Abwicklung von Koks-Geschäften benutzt haben könnte. Die Ermittlungen dauern an ...

Als der Fall Sainidis und die obskure Rolle des LKA im Juli 1991 durch den »SPIEGEL« und das Fernsehen aufgedeckt werden, als weitere Medienveröffentlichungen vor allem über den Minister Schaufler in der »ZEIT« und in den Regionalmedien folgen, hat die Politik in Baden-Württemberg ein Sommertheater wie selten zuvor. Ein weiterer Zipfel vom schwarzen Filz ist sichtbar geworden – er reicht bis ins Milieu hinein.

Und dieses bedient sich des Schwarzfilzes, benutzt ihn: geben und nehmen wie im Fall des Zockerbosses und V-Mannes Mihail Sainidis, der mit der Ammenhilfe des baden-württembergischen Landeskriminalamtes ein illegales Millionenvermögen machte. Geben und nehmen wie im Falle des Rechtsanwaltes und christdemokratischen Landtagsabgeordneten Hermann Schaufler, der nachgewiesenermaßen von 1980 bis 1983 das Glücksspielgeschäft des Herrn Sainidis fördert, ihm mithin zu seiner zweifelhaften Karriere verhilft und dafür satte Honorare von mindestens 25 0000 DM kassiert.

Das Scheißvolk, die deutsche Einheit und der Urlaub

Es war in der Stuttgarter Weinstube »Kachelofen« in der Fastenzeit 1990. Der CDU-Landesvorsitzende Lothar Späth versuchte hier seit einigen Jahren, nach bayerischem Vorbild, den politischen Aschermittwoch zu installieren. Nicht ganz so gewaltig und nicht ganz so aufwendig, aber zu einem gemütlichen Herings- und Lachsessen mit den Journalisten der Stuttgarter Landespressekonferenz reichte es.

Lothar Späth gab zwischen Fischplatten die Begleitmusik mit den neuesten Zahlen und Trends aus seinem Landesverband.

In diesem Jahr mußte Lothar Späth freilich auf seine junge Aschermittwochs-Tradition verzichten. Rollmops und Schillerlocken mußten verschoben werden, weil just zu dieser Zeit im Rottenburger Dom der Staatsakt für den verstorbenen früheren Ministerpräsidenten Gebhard Müller abgehalten wurde.

Der CDU-Landesvorsitzende beschränkte bei dem verschobenen Heringsessen im Verlauf der offiziellen Pressekonferenz auf Themen, die die CDU betrafen; eine der Fragen galt dem von Späth wenig geschätzten Posten eines CDU-Generalsekretärs. Späth wehrte sich seit einiger Zeit gegen Strömungen in seiner Partei, eine solche Funktion, die er, Späth, mit Übernahme des Landesvorsitzes abgeschafft hatte, wieder aufzunehmen.

Späth war an diesem Abend, wie fast immer, in seinem Element. Und als er seine Parteithemen ausgiebig ausgelebt hatte, setzte er sich für Deutschland-, Europa- und Weltpolitik an einen Journalistentisch. Späth parlierte zwischen Fischleckerbissen durchs gesamte Spektrum tagesaktueller Politik; und die war im Jahr 1990, wenige Monate nach dem Fall des Eisernen Vorhangs, weiß Gott nicht langweilig.

Obwohl der damalige Regierungssprecher Manfred Zach schon versprochen hatte, daß sich der Landesvorsitzende nicht zu den beiden Reportern setzen werde, kümmerte sich Späth wie so oft nicht um die Ratschläge eines Regierungssprechers. Späth schätzte am Tisch der beiden Reporter die Rolle des ungeliebten Bundeskanzlers objektiv ein. »Der dreht ein großes Rad im Augenblick«, meinte er. Und »es kann gut gehen«.

Lothar Späth gab sich als Analytiker. Und einem Analytiker wie ihm blieben auch damals die Stimmen nicht verborgen, die sich kritisch mit den Ideen der deutsch-deutschen Wiedervereinigung auseinandersetzten. Späth stellte sich voll hinter den Kanzler, bejubelte die ungeheuren Chancen, die sich aus den gewaltigen Entwicklungen ergäben, und blickte optimistisch in eine friedliche europäische Zukunft. Was ihm an diesem Abend mißfiel: sein Volk.

Späth war sichtlich erregt darüber, daß es da Leute gab, denen ihr Geldbeutel offensichtlich wichtiger war als die Vorstellung der Wiedervereinigung mit allen ihren Konsequenzen. Vor allem in Form finanzieller Belastungen. Späth überhöhte das Thema mit dem Beispiel des Arbeiters, der dann nur noch einmal in den Urlaub nach Mallorca fliegen könne. Und nicht zweimal. Und der aus solch niederen Gründen gegen die historische Chance sei.

Der CDU-Landesvorsitzende und baden-württembergische Ministerpräsident gipfelte in dem Ausruf: »Dieses Scheißvolk ist nicht in der Lage, wegen der deutschen Einheit auf einen Urlaub zu verzichten.«

Die beiden Reporter gaben Späth recht. Sie hatten schon aus allen möglichen Gründen auf ihren Urlaub verzichtet. Wegen der kleinen Kinder, wegen des Hausbaus. Warum nicht mal wegen der deutschen Einheit.

Ein halbes Jahr vorher hatte Späth Urlaub in Südostasien verbracht. Zum Nulltarif.

* * *

Nach Schätzungen hat sich der Ministerpräsident dienstliche Flugreisen in Höhe von rund fünf Millionen Mark in seinen zwölf Dienstjahren durch Sponsoren bezahlen lassen. Darunter sind über eine halbe Million Mark, die unter der Rubrik »verdeckte Parteienfinanzierung« zu finden sind. Denn die Sponsoren von Daimler bis Strobel haben sich nie darum gekümmert, ob die Flüge dem Ministerpräsidenten oder dem CDU-Landesvorsitzenden galten, auch steuerlich.

Rund eine halbe Million Mark lassen sich bei den Privatreisen des Lothar Späth in den zwölf Jahren zusammenrechnen, die von Sponsoren finanziert wurden. Obwohl sich bei den Privatreisen immer wieder ein mehr oder weniger wichtiger dienstlicher Termin zeigt, kann man die Urlaubsrechnungen des Lothar Späth auch so sehen: Zwei Jahresgehälter zahlten Sponsoren dem Ministerpräsidenten Späth.